LEXIPRO

ESPAGNOL

Les mots-clés DU TOURISME ET DE L'HÔTELLERIE

Classement thématique
Exemples d'utilisation
Index bilingue

Michèle DUVILLIER

Professeur d'Espagnol
au Lycée Régional Hôtelier et de Tourisme de Nice

Bréal éditions

1, Rue de Rome 93561 Rosny sous Bois

ISBN : 2 84291 830 4

AVANT-PROPOS

Ce glossaire porte sur un éventail de mots formant le vocabulaire spécifique de base dont la connaissance est indispensable dans le monde du tourisme et de l'hôtellerie. Tout en s'efforçant de couvrir les principaux aspects de ces activités, qui sont extrêmement diverses et qui peuvent être fort étendues selon que l'on se place du point de vue des professionnels ou de celui des usagers, parmi tous les termes susceptibles d'être retenus une sélection a dû être opérée. C'est donc à dessein que leur nombre a été restreint à ceux qui sont les plus utilisés, en tenant compte essentiellement des exigences linguistiques auxquelles les candidats se trouvent confrontés lors des épreuves d'espagnol des B.T.S. « Animation et gestion touristique locale » ou « Ventes et productions touristiques » ou du Brevet de Technicien Supérieur « Hôtellerie » (options « Mercatique et gestion hôtelière » ou « Art culinaire, art de la table et du service »).

L'ambition majeure de cet ouvrage est de permettre aux étudiants de se familiariser avec une terminologie particulière et de travailler avec une certaine autonomie.

A cet effet, les termes ont donné lieu à un regroupement par thèmes d'intérêt distincts en trois parties, elles-mêmes fragmentées en chapitres et sous chapitres. En outre, le sens des mots et les modalités de leur emploi ont été illustrés par des exemples sous forme de phrases devant faciliter leur compréhension à l'aide d'un contexte, de préférence à des définitions que l'on pourrait aisément trouver dans des dictionnaires. Quant aux mots les plus importants, ils ont été signalés en les faisant précéder d'un carré.

Les mots présentés ayant été classés en français dans le corps de l'ouvrage, celui-ci a été complété par un index bilingue à double entrée donnant la référence aux pages où ils ont été traités afin de rendre possible leur recherche soit à partir du mot français, soit à partir du mot espagnol.

L'auteur

SOMMAIRE

LE VOYAGE
El viaje

1
LES SERVICES TOURISTIQUES
Los servicios turísticos

A

LA DOCUMENTATION TOURISTIQUE
La documentación turística

■ **accueil (n.m.)**
acogida (n.f.)
La calidad de la acogida es fundamental para la captación de clientes.

■ **affiche (n.f.)**
cartel (n.m.)
La oficina de información ha sido objeto de una redecoración en su interior con elementos cotidianos de la vida y costumbres de la ciudad : arcos de bodegas, redes de pesca, carteles de toros así como cuadros de monumentos.

annonce (n.f.)
anuncio (n.m.)
El anuncio de viajes en la prensa puede ser eficaz para promover ventas.

■ **arrivée (n.f.)**
llegada (n.f.)
¿Puede indicarme la hora de llegada del AVE a Sevilla?

■ **attrait (n.m.)**
atractivo (n.m.)
Los atractivos de este destino son varios.

■ **brochure (n.f.) (notice, n.f.)**
folleto (n.m.)
La tirada de nuevos folletos representa un elevado costo para la agencia.

campagne (n.f.) de promotion
campaña (n.f.) de promoción de promoción;
Durante la campaña de promoción, se proyectaron diapositivas sobre las Antillas francesas y se ofreció un almuerzo a los representantes de los medios de comunicación.

■ **carte (n.f.)**
mapa (n.m.)
Un buen mapa de carreteras o turístico es una preciosa fuente de datos.

catalogue (n.m.)
catálogo (n.m.)
Acaba de aparecer el catálogo general de cruceros de la mayor empresa marítima española.

■ **client (n.m.)**
cliente (n.m.)
Muchos clientes que desconocen los servicios ofrecidos por las agencias, tienen miedo a entrar en ellas.

clientèle (n.f.)
clientela (n.f.)
La clientela rica es sensible al trato exclusivo y atento.

■ **concurrence (n.f.)**
competencia (n.f.)
Hay Tour operadores que esperan a conocer los precios de la competencia antes de poner los propios.

congés payés (n.m.pl.)
vacaciones pagadas (n.f.pl.)
Las vacaciones pagadas han contribuido al desarrollo del turismo y más particularmente del turismo de masas (tourisme de masse).

connecter (se) (v.pr.)
conectarse (v.pr.)
Conectarse a Internet.

connexion (n.f.)
conexión (n.f.)
Este nuevo servicio facilita el desarrollo profesional de las agencias de viajes, dotándolas de una infraestructura que cuenta con 6.000 conexiones de alta velocidad.

coût (n.m.)
coste (n.m.) o costo (n.m.)
El coste final de este sistema de información y de solicitud de reservas no es muy elevado.

■ **demande (n.f.)**
demanda (n.f.)
La investigación de mercado permite obtener toda la información necesaria sobre la demanda real de un producto.

■ **départ (n.m.)**
salida (n.f.)
En Madrid, la salida del AVE para Sevilla se efectúa desde la estación de Atocha.

■ **dépliant (n.m.)**
folleto (n.m.) desplegable o desplegable (n.m.)
A la hora de preparar sus viajes, los españoles se pierden en un mar de desplegables.

■ **destination (n.f.)**
destino (n.m.)
Con destino París parten dos trenes desde Madrid.

distribution (n.f.)
distribución (n.f.)
La distribución de un producto turístico puede ser extensiva, intensiva, selectiva o exclusiva.

■ **documentation (n.f.)**
documentación (n.f.)
La documentación requiere por parte de todos los empleados de la agencia una continua actualización.

donnée (n.f.)
dato (n.m.)
La tarea del agente es la de ser un experto con un banco de datos y asesorar al cliente indeciso.

éductour (n.m.)
viaje (n.m.) educacional o de familiarización
El viaje de familiarización permite a un agente de viajes recabar la máxima información general posible sobre el destino turístico.

enquête (n.f.)
encuesta (n.f.)
Para recoger los datos estadísticos en los países receptores, se pueden emplear distintos sistemas como las encuestas.

■ **foire (n.f.)**
feria (n.f.)
Las empresas acuden a las ferias turísticas para informarse ya que se obtiene una amplia visión del mercado.

■ **guichet (n.m.)**
taquilla (n.f.) o ventanilla (n.f.)
Diríjase a la taquilla de al lado.

■ **guide (n.m.) de tourisme (livre)**
guía (n.f.) turística (libro)
Los mapas y las guías son la piedra angular durante la etapa de gestación del viaje.

horaire (n.m.)
horario (n.m.)
Puede informarse sobre los horarios de trenes consultando el cuadro horario.

incitation (n.f.)
incentivo (n.m.)
Las fotografías a todo color del catálogo constituyen un poderoso incentivo para descubrir destinos lejanos.

■ **information (n.f.)**
información (n.f.)
En la oficina de información turística le proporcionarán una amplia información sobre su viaje.

■ **internaute (n.m.)**
internauta (n.m.)
El internauta español no está muy familiarizado con Internet ni habituado a realizar compras de un cierto nivel adquisitivo como pueden ser los viajes, a través de la red.

■ **internet (n.m.)**
internet (n.m.)
La página Web en Internet que es de navegación muy sencilla, proporciona fotografías, visitas virtuales y descripciones del establecimiento hotelero.

lancement (n.m.) (d'un produit)
lanzamiento (n.m.) (de un producto)
Previamente al lanzamiento de un producto, se hace una investigación comercial.

langue (n.f.)
idioma (n.m.)
El idioma oficial es el thailandés pero en los hoteles parte del personal habla inglés o francés.

majoration (n.f.)
recargo (n.m.)

majorer (v.tr.)
recargar (v.tr.)
Los precios recargados de nuestra comisión ascienden a 1.660 euros.

■ **marché (n.m.)**
mercado (n.m.)
Orientarse hacia el mercado es tratar de conocer su situación para establecer una estrategia.

mercatique (n.f.) (marketing, n.m.)
marketing (n.m.) o mercadeo (n.m.)
El tema de gran interés que es el marketing hotelero, está a la orden del día en las escuelas de Turismo.

navigateur (n.m.)
navegador (n.m.)
El número de personas que visitan al día la página de Internet de la cadena hotelera suele ser de 40.000 navegadores.

naviguer (v.intr.) ("surfer")
navegar (v.intr.)
La compañía aérea prepara una cibercabina a bordo de sus aviones que permitirá a los pasajeros navegar utilizando un servidor de a bordo.

objectif (n.m.)
objetivo (n.m.)
Nos felicitamos por haber alcanzado nuestros objetivos.

■ **office (n.m.) de tourisme**
oficina (n.f.) de turismo
Para fomentar las actividades turísticas de la localidad, el ayuntamiento acaba de abrir una oficina municipal de turismo.

■ **offre (n.f.)**
oferta (n.f.)
La oferta especial para fines de semana concede ventajas en las tarifas, la estancia y actividades.

page Web (n.f.)
página Web (n.f.)
El Instituto de Turismo mantiene actualizada a disposición de los internautas una página Web que funciona como una útil guía para todos aquellos españoles

que quieran conocer bien los atractivos turísticos de su país.

plan (n.m.) (programme, n.m.)
plan (n.m.)
Los ministros responsables de los temas de turismo de los países comunitarios europeos prosiguen sus contactos para aprobar un plan para favorecer el turismo.

■ **plan (n.m.) (de ville)**
plano (n.m.)
Un plano urbano es imprescindible para organizar un recorrido a pie por la ciudad.

planifier (v.tr.)
planificar (v.tr.)
Para poder planificar la política turística resultaría positivo el conocer la procedencia del turista recibido en España.

portail (n.m.)
portal (n.m.)
El nuevo portal de Internet especializado en viajes, además de informar sobre todos los destinos del mundo, ofrece al usuario la posibilidad de realizar reservas de hoteles, billetes de avión, alquiler de coches y de contar sus viajes.

■ **produit (n.m.)**
producto (n.m.)
Los turistas piden productos turísticos nuevos con un fuerte componente medioambiental.

projeter (v.tr.) (planifier)
planear (v.tr.)
Planear un viaje, una campaña publicitaria.

■ **promotion (n.f.)**
fomento (n.m.) o promoción (n.f.)
Se realiza una campaña de promoción en el territorio nacional.

prospectus (n.m.)
prospecto (n.m.)
Los mayoristas de viajes invaden con cientos de miles de prospectos los puntos de venta al público.

■ **publicité (n.f.)**
publicidad (n.f.)
La publicidad provoca el deseo de compra.

■ **réduction (n.f.)**
descuento (n.m.) o reducción (n.f.)
Los descuentos son del 50 por ciento sobre la tarifa general cuando la ida o el regreso se efectúen en sábados, domingos o festivos.

relations publiques (n.f.pl.)
relaciones públicas (n.f.pl.)
Las relaciones públicas deben empezar con la apertura de la agencia de viajes y mantenerse permanentemente.

répertoire (n.m.) (ou index, n.m.) des noms de rues
callejero (n.m.) o índice (n.m.) de calles
Para buscar una calle, hay que localizarla en el índice alfabético del callejero que indica la cuadrícula (quadrillage) del plano.

réseau (n.m.)
red (n.f.)
Las ventas de los paquetes de viajes efectuadas por la agencia de viajes se realizan a través de la red.

ressources (n.f.pl.)
recursos (n.m.pl.)
Las zonas turísticas son las que ofrecen amplios recursos naturales y socio-culturales.

serveur (n.m.) informatique
servidor (n.m.) informático

■ **service (n.m.)**
servicio (n.m.)

Esta publicación es una invitación a conocer e interesarse por el tren, por sus productos, los servicios de a bordo, las ofertas, y los programas comerciales.

site (n.m.) informatique
sitio (n.m.) informático

slogan (n.m.) publicitaire
lema (n.m.) publicitario o eslogan (n.m.) (anglicismo)
"Sol y playa" es el lema publicitario de los países de la costa mediterránea.

sondage (n.m.) (d'opinion)
sondeo (n.m.) (de opinión)
El sondeo permite un análisis de la situación.

■ **stimulation (n.f.) (incitation, n.f.)**
estimulación (n.f.), estímulo (n.m.) o incentivo (n.m.)
En la vida de un empleado, el viaje de incentivo ha de ser excepcional y único.

support (n.m.) (publicitaire)
soporte (n.m.) (publicitario)
El vídeo que es un documental sobre la costa, sus pueblos y sus gentes, sirve de excelente soporte publicitario.

■ **syndicat d'initiative (n.m.) (organisme local)**
patronato municipal de turismo (n.m.)
En colaboración con el Patronato Municipal de Turismo, el Ayuntamiento de Madrid ha puesto en funcionamiento el servicio de información turística "descubre Madrid con nosostros".

■ **tarif (n.m.)**
tarifa (n.f.)
Las agencias de viajes son las primeras interesadas en saber las nuevas tarifas de las compañías aéreas o de los hoteles.

tarif réduit (n.m.)
descuento (n.m.)
Existen diversas modalidades de descuentos : para jóvenes, familias numerosas, pensionistas, etc.

■ **tourisme (n.m.)**
turismo (n.m.)
Una multitud de motivos impulsa al viajero a trasladarse de un lugar a otro : para él se ha creado, al igual que los artículos de consumo una infinidad de nuevos productos correspondiendo a diferentes tipos de turismo tales como el turismo vacacional, cultural, ecológico o verde, religioso, social, deportivo, de negocios, escolar, de la tercera edad, etc.

■ **touriste (n.m. ou f.)**
turista (n.m. o f.)
La mayoría de los turistas viajan con maletas cubiertas de etiquetas.

touristique (adj.)
turístico (-a) (adj.)
Un problema que se agudiza es el de la inmigración ilegal con camuflaje turístico.

■ **vacances (n.f.pl.)**
vacaciones (n.f.pl.)
Estar de vacaciones en la Costa de la Luz.

■ **voyage (n.m.)**
viaje (n.m.)
En cualquier viaje (itinerante, estacional, individual o en grupo), tanto desde el punto de vista personal como organizativo, distinguimos tres fases : la fase de iniciación y preparación, el desarrollo y el análisis.

voyageur (-se) (n.m. ou f.)
viajero (-a) (n.m. o f.)
El viajero va por el mundo como quien lee un libro ; el turista, sólo como quien ve la televisión.

B

LES AGENCES DE VOYAGES
Las agencias de viajes

■ **agence (n.f.) de voyages**
agencia (n.f.) de viajes
Empresa turística por excelencia, la agencia de viajes tiene un campo de acción muy amplio.

agent (n.m.) de voyages
agente (n.m.) de viajes
Invitados por el Patronato Municipal de Turismo, los agentes de viajes participan en un viaje de familiarización.

■ **agent (n.m.) de comptoir**
vendedor (n.m.) de mostrador
El vendedor de mostrador suele hablar varios idiomas.

■ **billetterie (n.f.)**
billetaje (n.m.)
El billetaje o emisión de billetes puede ser electrónico o manual.

contrat (n.m.)
contrato (.m.)
Cada compañía aérea establece un contrato de transporte cuyas condiciones generales están resumidas en las tapas del billete.

■ **détaillant (n.m. ou adj.)**
minorista (n.m. o adj.)
Una agencia de viajes minorista es la mediadora de servicios turísticos sueltos o de paquetes elaborados por agencias mayoristas.

■ **forfaitiste (n.m.)**
forfetista (n.m.)
El forfetista dispone de un banco de datos para elaborar los itinerarios.

fournisseur (n.m.)
proveedor (n.m.)
Escoger a los proveedores es un aspecto importante para el éxito de un producto.

■ **grossiste (n.m. ou adj.)**
mayorista (n.m. o adj.)
Las empresas que se dedican a proyectar, elaborar y organizar viajes se llaman mayoristas.

grossiste-détaillant (n.m.)
mayorista-minorista (n.m.)
Las mayoristas-minoristas crean y venden al mismo tiempo, tanto su propia producción como la de otras mayoristas.

■ **guide (n.m.) (personne)**
guía (n.m. o f.) (persona) o informador turístico (n.m.)
Los (o : las) guías (o informadores turísticos) se clasifican en grupos dependiendo de la función que cumplan : guía local, guía acompañante o correo turístico y guía intérprete.

■ **hôtesse (n.f.)**
azafata (n.f.)
Las azafatas son personas jóvenes, dinámicas, con disponibilidad para desplazarse.

licence (n.f.) d'exploitation
título-licencia (n.m.)
La agencia mayorista o minorista tiene que estar en posesión de un título-licencia, depositar una fianza y acreditar un capital.

réceptif (n.m.) ou agence (n.f.) de voyages réceptive (ou de réceptif)
agencia (n.f.) de viajes receptiva
En España, se distinguen dos tipos de agencias de viajes receptivas : las agencias de viajes costeras y las agencias de viajes grandes y medianas con departamento receptivo y sucursales en el extranjero dedicadas a la captación de este tráfico.

■ **technicien (n.m.) du tourisme**
técnico (n.m.) de turismo

Ser técnico de turismo implica tener una vocación viajera, cordialidad y capacidad de comunicación.

■ **tour-opérateur (n.m.)**
tour operador (n.m.) (pl. : tour operadores)
Un tour operador opera sus propios programas, los vende a través de agencias de viajes detallistas y directamente al público en sus propias oficinas de venta.

■ **vente (n.f.)**
venta (n.f.)
La venta de un viaje requiere conocer perfectamente el producto y convencer al cliente, hablándole en términos de ventajas.

■ **voyage (n.m.) à la demande**
forfait (n.m.) o viaje (n.m.) a la medida o a la demanda
Un forfait a la demanda es un viaje organizado previa petición del cliente.

■ **voyage (n.m.) à forfait (anglais : inclusive tour, amér. : package)**
paquete (n.m.)
Un paquete es un conjunto de servicios turísticos (manutención, transporte y alojamiento) ofertado a un precio global.

■ **voyage (n.m.) organisé**
viaje (n.m.) organizado
Los viajes organizados o programados se ofrecen masivamente en los folletos.

■ **voyagiste (n.m.) (agent grossiste)**
mayorista (n.m.)
El mayorista trabaja exclusivamente a través de agencias de viajes detallistas.

2
DÉPLACEMENTS À L'ÉTRANGER
Desplazamientos al extranjero

A
LES FORMALITÉS
Las formalidades

ambassade (n.f.)
embajada (n.f.)
Es aconsejable obtener el visado antes de la partida en la embajada o en el consulado correspondientes.

■ **affaires (n.f.pl.) personnelles (effets personnels)**
efectos (n.m.pl.) personales o cosas (n.f.pl.) de uso personal
Nadie disfruta del privilegio de que sus maletas no le sean abiertas en lo que respecta a sus efectos personales.

■ **bagages (n.m.pl.)**
equipaje (n.m. au singulier dans un sens collectif)
El aduanero manda abrir el maletero del coche con objeto de registrar el equipaje.

■ **carte nationale d'identité (n.f.)**
documento nacional de identidad (DNI) (n.m.)
carnet (n.m.) o tarjeta (n.f.) de identidad
Se puede viajar a ciertos países sin necesidad de pasaporte, sólo con la presentación de su DNI.

certificat (n.m.)
certificado (n.m.)

El certificado de vacunación es exigible en ciertos países.

consommation (n.f.)
consumo (n.m.)
Tengo un cartón (cartouche) de 200 cigarrillos para mi consumo particular.

■ **consulat (n.m.)**
consulado (n.m.)
En caso de auténtica emergencia, como la desaparición de su dinero, preséntese en el consulado que le hará un préstamo.

contrebande (n.f.)
contrabando (n.m.)
Pasar de contrabando.

■ **contrôle (n.m.) douanier**
control (n.m.) aduanero
En Francia, se puede efectuar un control aduanero por todo el territorio nacional.

déclaration (n.f.)
declaración (n.f.)
Para el paso de armas, se necesita un permiso personal y su declaración en la frontera.

■ **déclarer (v.tr.)**
declarar (v.tr.)
Declare todas las divisas y cheques de viaje que lleve consigo.

■ **démarche (n.f.)**
gestión (n.f.) o trámite (n.m.)
Para hacer todas las gestiones, conviene evitar las fechas clave previas a las vacaciones veraniegas.

■ **douane (n.f.)**
aduana (n.f.)
En cada aduana, hay publicados unos folletos sobre el régimen de franquicias a la importación dineraria, que deberían tener presentes todos los viajeros.

douanier (n.m.)
aduanero (n.m.)
El aduanero nos dejó pasar sin controlar las maletas.

■ **droits (n.m.pl.) de douane**
derechos (n.m.pl.) de aduana o derechos (n.m.pl.) arancelarios
Los turistas tienen miedo de que estén sujetas a derechos de aduanas las compras que han efectuado durante su estancia.

entrée (n.f.)
entrada (n.f.)
Determinados países exigen al visitante la presentación de un visado, sin el cual no se le permite la entrada.

■ **étranger (-ère) (n.m. ou f. ou adj.)**
extranjero (-a) (n.m. o f. o adj.)
Viajar por el extranjero.

exportation (n.f.)
exportación (n.f.)
La exportación de obras de arte sin permiso está prohibida en ciertos países.

expulser (v.tr.)
expulsar (v.tr.)
Se acaba de expulsar a supuestos turistas indeseables que intentaban "colarse" en Europa con el pretexto de asistir a los Juegos Olímpicos.

filtrer (v.tr.)
filtrar (v.tr.)
Hace falta filtrar a los inmigrantes ilegales que no desean disfrutar de unas vacaciones en territorio español sino establecerse en el mismo en busca de una mejor expectativa de subsistencia.

■ **formalités (n.f.pl.) douanières**
formalidades (n.f.pl.) aduaneras
requisitos (n.m.pl.) aduaneros
trámites (n.m.pl.) aduaneros
Hoy en día, viajar por lugares aislados con escaso movimiento turístico requiere una buena dosis de paciencia respecto a los trámites aduaneros.

formulaire (n.m.) (imprimé, n.m.)
formulario (n.m.) (impreso, n.m.)
Ante los inagotables formularios conviene resignarse.

■ **fouille (n.f.) (ou inspection, n.f.)**
registro (n.m.) (o reconocimiento, n.m.)
Cuando se trata de exportaciones, ciertos países tremendamente rígidos efectúan un registro a fondo a la salida del territorio nacional.

fouiller (v.tr.) (inspecter, v.tr.)
registrar (v.tr.) o reconocer (v.tr.)
El viajero podría exigir que le registraran su maleta con guantes blancos.

franchise (n.f.) douanière
franquicia (n.f.) arancelaria
La franquicia arancelaria es la exención de derechos de aduana.

fraude (n.f.)
contrabando (n.m.)
El contrabando es la introducción en el territorio nacional de mercancías prohibidas por las leyes, o que no han pagado los derechos de aduana.

frontalier (-ère) ou frontière (adj.)
fronterizo (-a) (adj.)
La Comunidad europea ha suprimido las barreras fronterizas internas y, por lo que se refiere a las exteriores a la CE, exige a sus miembros vigilancia para un estricto control.

■ **frontière (n.f.)**
frontera (n.f.)
Ciertos países exigen para el paso de fronteras la presentación de un billete de ida y vuelta y verifican si el visitante dispone de efectivo suficiente.

importation (n.f.)
importación (n.f.)
Existen limitaciones para la importación de alcohol y tabaco para uso personal.

malle (n.f.)
baúl (n.m.)
Antaño, los turistas americanos e ingleses desembarcaban en el continente europeo con pesados baúles mundo (grosses malles).

mallette (n.f.) (attaché-case, n.m.)
maletín (n.m.)
Para sus desplazamientos cortos, los hombres de negocios se contentan con un maletín.

marchandise (n.f.)
mercancía (n.f.)
La franquicia aduanera permite a un ciudadano introducir en su propio país las siguientes mercancías : tabaco, vino, perfume, en reducidas cantidades

■ **nationalité (n.f.)**
nacionalidad (n.f.)
Las formalidades aduaneras varían según la nacionalidad de los viajeros.

objet (n.m.) de valeur
objeto (n.m.) de valor o prenda (n.f.) de valor
Declaramos todos los objetos de valor que poseíamos.

■ **papiers (n.m.pl.) (d'identité ou du véhicule)**
documentos (n.m.) o documentación (n.f.)
En el puesto fronterizo, la policía puede exigir la presentación de los documentos.

paquet (n.m.)
bulto (n.m.) o paquete (n.m.)
Al regresar de Andorra los excursionistas venían cargados de numerosos paquetes.

■ **passer (v.tr.) la douane**
pasar por (v.intr.) la aduana

Al pasar por la aduana, pórtese de forma cortés con el oficial y presente un aspecto aseado y formal.

■ **passeport (n.m.)**
pasaporte (n.m.)
Establecer un pasaporte exige varios días.

périmé (-e) (adj.)
caducado (-da) (adj.), sin vigencia (n.f.)
El pasaporte caducado en no menos de cinco años no lo tire, pues le puede ser útil como documento de identificación para visitar ciertos países.

permis (n.m.) de séjour
permiso (n.m.) de residencia
Se conceden permisos de residencia para las estancias de más de tres meses de duración.

■ **police (n.f.)**
policía (n.f.)
Los trámites de policía y aduana son distintos.

portique (n.m.) détecteur
arco (n.m.) magnético
Los visitantes del museo pasan por el arco magnético.

■ **ressortissant (-e) (n.m. ou f. ou adj.) (d'un pays)**
natural (n.m. o f. adj.) o nacional (n.m. o f. adj.)
Para la entrada en el territorio se atribuye en el aeropuerto una fila a los naturales del país.

sac (n.m.) de voyage
bolsa (n.f.) de viaje
El vista (douanier chargé de l'inspection) no dejó de reconocer pausadamente mis tres bolsas de viaje.

saisie (n.f.)
aprehensión (n.f.)
La aprehensión de drogas es una de las actividades más importante de la Dirección General de Aduanas del aeropuerto.

sortie (n.f.)
salida (n.f.)
Las formalidades de salida son menos engorrosas que las de entrada.

tarif (n.m.) douanier
tarifa (n.f.) aduanera o arancelaria o arancel (n.m.)
Los aranceles varían según el tipo de mercancías y el país de procedencia.

■ **taxe (n.f.) sur la valeur ajoutée (T.V.A.)**
impuesto (n.m.) sobre el valor añadido (I.V.A.)
Estar exento o sujeto al I.V.A.

■ **territoire (n.m.)**
territorio (n.m.)
Los turistas de la Comunidad europea pueden entrar en el territorio español sin visado.

trafiquant (n.m.)
traficante (n.m.)
Para los aduaneros acostumbrados al continuo tráfico de pasajeros procedentes de todos los rincones del mundo, cualquier viajero es un traficante potencial.

validité (n.f.)
validez (n.f.)
El tiempo de validez del pasaporte es de cinco años.

valise (n.f.)
maleta (n.f.)
¡Abra Ud. esta maleta!

vigueur (n.m.) (en)
vigente (adj.) o en vigor (n.m.)
Actualmente, la reglamentación vigente en España permite la entrada de cheques de viaje sin ningún limite.

■ **visa (n.m.)**
visado (n.m.), visa (n.f.) (amer.)
Hay diferentes tipos de visados : el visado turístico, el visado de tránsito y el visado de negocios.

B

SÉCURITÉ ET SANTÉ
Seguridad y Salud

alcoolémie (n.f.)
alcoholemia (n.f.)
Una fuerte alcoholemia (de más 50 g/l) puede provocar graves accidentes de automóvil.

allergique (adj.)
alérgico (-a) (adj.)
Para los alérgicos, la alta montaña no es lugar aconsejable, ya que en la altura al haber menos cantidad de oxígeno, la frecuencia respiratoria debe aumentar.

■ **aller (v.intr.) mieux**
mejorar (v.intr.)
El paciente a quien trasladamos al hospital en ambulancia, va mejorando.

ambulance (n.f.)
ambulancia (n.f.)
Trasladar a un herido en ambulancia.

antidote (n.m.) (contrepoison, n.m.)
antídoto (n.m.) (contraveneno, n.m.)
Administrar el antídoto adecuado.

■ **blessure (n.f.)**
herida (n.f.)
El tábano (taon), mosca de enorme cabeza, abre con su aparato bucal pequeñas heridas en la piel de los animales y de los hombres.

brûlure (n.f.)
quemadura (n.f.)
El uso de cremas protectoras permite un bronceado (bronzage) sin quemaduras.

■ **cabinet (n.m.) médical, cabinet (n.m.) dentaire**
consultorio (n.m.) médico o clínica (n.f.) dental
El consultorio médico abre a las 6 de la tarde.

chaleur (n.f.) (coup de)
calor (n.m.) (golpe de)
El golpe de calor que se puede producir cuando la temperatura ambiental supera los 37° en lugares secos y los 32° en lugares húmedos, requiere el tratamiento de cuidados intensivos.

chirurgie (n.f.)
cirugía (n.f.)
La tasa de frecuentación del servicio de cirugía de la clínica es muy elevada en la época estival.

■ **clinique (n.f.)**
clínica (n.f.)
Ingresar en una clínica.

■ **consulter (v.tr.)**
consultar (v.tr.) a o con, o ver (v.tr.) a
Es urgente consultar a (o: con) un médico.

convalescent (-e) (n.m. o f., adj.)
convaleciente (n.m. o f., adj.)
La baja montaña (entre 700 y 1.000 metros) es el clima perfecto para convalecientes de alguna enfermedad.

■ **danger (n.m.)**
peligro (n.m.)
El peligro de mordeduras o picaduras venenosas es débil si se toman las debidas precauciones.

défaillance (n.f.) (cardiaque)
fallo (n.m.) (cardiaco)
Los síntomas traducen un fallo cardíaco con edema del pulmón.

dent (n.f.)
diente (n.m.), muela (n.f.) (molaire)
En los países del Tercer mundo, no olvide que debe tratarse el agua que se utiliza para la limpieza de los dientes.

■ **déshydratation (n.f.)**
deshidratación (n.f.)
En el caso de los niños, se recomienda cubrirles la cabeza y procurar que beban agua en abundancia como medida contra la deshidratación.

dispensaire (n.m.)
ambulatorio (n.m.)
Las urgencias banales se pueden controlar en los servicios de ambulatorios.

dose (n.f.) (d'un médicament)
dosis (n.f.) (de una medicina)
Para prolongar la vacunación es preciso dar una dosis de recuerdo cada tres años.

■ **douleur (n.f.)**
dolor (n.m.)
Sufrir dolor de cabeza.

■ **empirer (v.intr.)**
empeorar (v.intr.)
El dolor va empeorando.

étourdissement (n.m.) (vertige, n.m., nausée, n.f.)
vértigo (n.m.), mareo (n.m.)
Las patologías típicas del verano son las derivadas del calor: calambres (crampes), mareos, fallos renales, etc..

évanouissement (n.m.)
desmayo (n.m.) o desvanecimiento (n.m.)
El calor, con la contribución de una prolongada permanencia en pie, propicia la dilatación de los vasos sanguíneos y por tanto un desvanecimiento.

■ **examiner (v.tr.)**
reconocer (v.tr.)
El especialista está reconociendo a un turista víctima de un infarto.

fatigant (-e) (adj.)
cansado (-a) (adj.)
¡Qué cansado es viajar!

■ **fièvre (n.f.)**
fiebre (n.f.) o calentura (n.f.)
La fiebre amarilla y el paludismo son las enfermedades más temidas por los viajeros que realizan largos recorridos internacionales.

■ **frais (n.m.pl.) médicaux**
gastos (n.m.) médicos
Los gastos médicos corren por mi cuenta.

gêne (n.f.)
molestia (n.f.)
No es necesario llegar hasta las antípodas para sentir molestias al bajarse de un avión.

■ **guérison (n.f.)**
curación (n.f.)
El paciente dispone de medios eficaces para afrontar su curación con garantías de éxito.

■ **handicapé (-e) (n.m. ou f., adj.)**
minusválido (-a) (n.m. o f., adj.)
La exposición tuvo en cuenta a las personas con necesidades especiales, minusválidos físicos, psíquicos o sensoriales: en todos los aseos había instalaciones especiales para ellos.

■ **hopital (n.m.)**
hospital (n.m.)
Ingresar en el hospital.

■ **hygiène (n.f.)**
higiene (n.f.)
Con las altas temperaturas, la falta de higiene en piscinas y bares puede provocar problemas de salud.

■ **infirmier (n.m.), infirmière (n.f.)**
enfermero (n.m.), enfermera (n.f.)
Los enfermeros han acogido al herido a su llegada al hospital.

insolation (n.f.)
insolación (n.f.)
La insolación requiere el enfriamiento del individuo con agua y antitérmicos.

intoxication (n.f.) alimentaire
intoxicación (n.f.) alimenticia
Ha sido posible una disminución de las intoxicaciones alimenticias gracias al cumplimiento de las condiciones higiénico-sanitarias en los establecimientos.

mal (n.m.)
dolor (n.m.)
Un dolor de estómago.

■ **mal (avoir) (v.tr.)**
doler (v.intr.)
Me duelen las piernas.

■ **mal (n.m.) de mer (ou de l'air) (nausées, n.f.pl., vertiges, n.m.pl.)**
mareo (n.m.)
Existen píldoras contra el mareo.

mal (n.m.) des montagnes
mal (n.m.) agudo de las montanas o mal (n.m.) de altura, soroche (n.m.) (amer.)
En caso de ascensión rápida a altitudes elevadas, hasta los turistas más sanos se hallan expuestos al riesgo del mal agudo de las montañas.

■ **malade (n.m. ou f.)**
enfermo (n.m.) o enferma (n.f.)
Este enfermo ha permanecido 24 horas en observación.

■ **maladie (n.f.)**
enfermedad (n.f.)
Cada vez más, la gente acude a pedir información para evitar el riesgo de enfermedades cosmopolitas como hepatitis, tuberculosis o sida en países exóticos.

malaise (n.m.)
malestar (n.m.)
El viajero que asciende a regiones situadas a gran altura puede sentir un malestar general.

maux (n.m.pl.)
males (n.m.pl.)
Unas vacaciones en la playa, sin excesos solares, pueden ser remedio de más de uno de nuestros males.

■ **médecin (n.m.)**
médico (n.m.), médica (n.f.) (para las mujeres)
En cuanto sea posible, hay que acudir (recourir) a un médico.

■ **médicament (n.m.)**
fármaco (n.m.), medicina (n.f.) o medicamento (n.m.)
Los medicamentos deben mantenerse fuera del alcance de los niños.

moustiquaire (n.f.)
mosquitero (n.m.)
A veces, dormir bajo un mosquitero no es un lujo sino una necesidad.

■ **ordonnance (n.f.)**
receta (n.f.)
El farmacéutico proporciona esta medicina sólo con receta médica.

patient (n.m.) ou patiente (n.f.) (le ou la malade)
paciente (n.m. o f.)
En EE.UU. existen auténticos centros de la risa para pacientes con mal humor.

■ **pharmacie (n.f.) (officine, n.f.)**
farmacia (n.f.) (botica, n.f.)
Encontrará en la farmacia de guardia alimentos o potitos para el bebé.

■ **piqûre (n.f.)**
inyección (n.f.) (con una jeringuilla)
La vacunación consiste en una sola inyección.
picadura (n.f.) (de insecto)

Una de las urgencias que más se atienden en el hospital son las derivadas de las picaduras de insectos.
mordedura (n.f.) (de serpiente)
Las mordeduras venenosas pueden ser mortales.

potable (adj.)
potable (adj.)
El agua de esta fuente no es potable.

prescrire (v.tr.)
recetar (v.tr.)
¿Puede recetarme antibióticos, doctor?

protection (n.f.)
protección (n.f.)
La profilaxis consiste en tomar medidas de protección sanitarias.

■ **rapatriement (n.m.)**
repatriación (n.f.)
El seguro cubre la repatriación del enfermo en avión sanitario.

réanimation (n.f.), réanimer (v.tr.)
reanimación (n.f.), reanimar (v.tr.)
El socorrista se apresuró a practicar el boca a boca y consiguió reanimar al ahogado (noyé).

rhume (n.m.)
constipado (n.m.), resfriado (n.m.) o catarro (n.m.)
Las estancias al borde del mar son beneficiosas para los niños con tendencia a padecer catarros.

■ **risque (n.m.)**
riesgo (n.m.)
Todos los veranos, el servicio andaluz de Salud mantiene una red de vigilancia sobre posibles riesgos ambientales y alimentarios y garantiza una intervención eficaz si se produce algún tipo de incidencia.

salubrité (n.f.)
salubridad (n.f.) o sanidad (n.f.)
El primer objetivo de los inspectores del servicio de Salud que actúan como una especie de policía sanitaria es el de sanidad ambiental.

■ **santé (n.f.)**
salud (n.f.)
La salud es el fundamento de incontables programaciones turísticas.

■ **secours (n.m.)**
socorro (n.m.)
Prestar socorro.
auxilios (n.m.pl.)
El puesto de primeros auxilios asegura el socorro en carretera.

■ **sécurité (n.f.) sociale**
seguridad (n.f.) social
Los afiliados a la Seguridad Social tienen derecho a recibir asistencia sanitaria en cualquier país miembro de la Comunidad Económica Europea.

■ **soigner (v.tr.), se soigner (v.pr.)**
curar (v.tr.), curarse (v.pr.)
Viajar para curarse del mal humor y recuperar así la salud merece y justifica uno y muchos viajes.

■ **soin (n.m.), soins (n.m.pl.)**
cura (n.f.), cuidados (n.m.pl.)
Le hicieron una cura.

■ **soleil (n.m.)**
sol (n.m.)
Sol, ¿enemigo o aliado?

soulagement (n.m.)
alivio (n.m.)
Las personas con problemas respiratorios experimentan un notable alivio en las costas.

symptôme (n.m.)
síntoma (n.m.)
Al reconocer los primeros síntomas hay que proporcionar inmediatamente los primeros cuidados.

syndrome (n.m.)
síndrome (n.m.)
Ahora hablan mucho del síndrome de la clase turista o sea de trombosis tras vuelos de larga duración como consecuencia de la inmobilidad y la rigidez.

syndrome du retour de vacances
síndrome posvacacional

■ **traitement (n.m.)**
tratamiento (n.m.)
Conviene tener unas nociones de algunos tratamientos básicos.

traumatisme (n.m.)
traumatismo (n.m.), trauma (n.m.)
Siguen siendo muy frecuentes los leves traumatismos que se producen en las playas como fracturas, esguinces (entorses ou foulures) o golpes.

trousse (n.f.) médicale (pharmacie, n.f., portative)
botiquín (n.m.) (farmacia, n.f., portátil)
Al echar la mano al volante, el conductor debe comprobar que no olvida el botiquín de viaje.

unité (n.f.) de soins intensifs
unidad (n.f.) de vigilancia intensiva (U.V.I.)
Después de la operación lo tuvieron en la U.V.I.

■ **urgence (n.f.)**
urgencia (n.f.), emergencia (n.f.)
Las urgencias del hospital suelen aumentar un 30% en el mes de agosto.

■ **vaccination (n.f.)**
vacunación (n.f.)
Algunos países exigen al turista la presentación de un certificado de vacunación para permitir la entrada en su territorio.

vertige (n.m.) (peur, n.f., du vide)
vértigo (n.m.)
Tengo vértigo por las carreteras de cornisa (de corniche).

C

RISQUES ET ASSURANCES
Riesgos y Seguros

■ **accident (n.m.)**
accidente (n.m.)
En verano ocurren muchos accidentes de carretera en los que se ven implicados peatones.

accord (n.m.) (convention, n.f.)
acuerdo (n.m.) (convenio, n.m.)
España tiene convenio bilateral de cobertura sanitaria con Andorra.

■ **annulation (n.f.)**
anulación (n.f.), cancelación (n.f.), supresión (n.f.)
El seguro cubre los riesgos de anulación de viaje y pérdida de depósito.

assistance (n.f.) (aide, n.f., secours, n.m.)
asistencia (n.f.)
Millones de españoles que van a viajar durante este año, precisarán algún tipo de asistencia médica; desde una simple cura de ambulatorio hasta la repatriación por vía aérea y la posterior atención hospitalaria.

■ **assurance (n.f.)**
seguro (n.m.)
El seguro turístico (o de viaje) que es facultativo y adicional, protege a los turistas de los riesgos que puedan surgir en el curso del viaje.

assuré (-e) (n.m. ou f., adj.)
asegurado (-a) (n.m. o f., adj.)
Este asegurado, arquetipo de viajero "gafe" (qui a la guigne), nunca se desplaza sin la cobertura de un seguro.

■ **assurer (v.tr.) ou s'assurer (v.pr.)**
asegurar (v.tr.) o asegurarse (v.pr.)
Asegurarse contra el robo o la pérdida de equipaje.

assureur (n.m.) ou compagnie (n.f.) d'assurances
asegurador (n.m.) o compañía (n.f.) de seguros, compañía aseguradora o aseguradora (n.f.)
Las aseguradoras justifican sus tarifas por la alta cifra de siniestralidad registrada entre quienes contratan un seguro de viajes.

■ **attestation (n.f.) d'assurance**
certificado (n.m.) de seguro
La "carta verde" es un certificado internacional de seguro de automóvil que por la duración del viaje cubre las responsabilidades civiles hacia terceros.

clause (n.f.)
cláusula (n.f.)
Las cláusulas del contrato (no) parecen ventajosas

■ **contracter (v.tr.)**
contratar (v.tr.)
Contratar un seguro de vida.

contrat (n.m.)
contrato (n.m.)
Antes de contratar un seguro, lea detenidamente las condiciones del contrato, lo que evitará sorpresas desagradables.

■ **couverture (n.f.) (des risques)**
cobertura (n.f.) (de riesgos)
Recibir información sobre ampliación de coberturas.

décès (n.m.)
fallecimiento (n.m.)
En caso de fallecimiento, la compañía cubre los gastos de repatriación del fallecido.

■ **déclaration (n.f.)**
declaración (n.f.)
Termina hoy el plazo (délai) para presentar la declaración del siniestro.

■ **dédommager (v.tr.)**
resarcir (v.tr.)
Me propusieron 600 euros para resarcirme de la reparación de urgencia de mi vehículo en carretera.

■ **dégât (n.m.)**
daño (n.m.)
La oficina se compromete a tramitar y liquidar toda reclamación por daños a terceros.

■ **dommage (n.m.)**
daño (n.m.)
Los daños causados por un terremoto (tremblement de terre) no son indemnizables.

évènement (n.m.)
suceso (n.m.), acontecimiento (n.m.)
Cuando Ud. proyecta un viaje, no olvide que pueden producirse acontecimientos imprevisibles.

faute (n.f.)
culpa (n.f.)
Se puede achacar la culpa de este accidente grave al conductor del coche.
falta (n.f.)
La agencia de viajes cometió la falta profesional de no transmitir la reserva al hotel.

■ **garantie (n.f.)**
garantía (n.f.)
Los Tour operadores ofrecen a los clientes la garantía de los servicios que se ofrecen en los folletos: las fechas de los viajes y la categoría de los hoteles contratados.

■ **indemnisation (n.f.) ou indemnité (n.f.)**
indemnización (n.f.)
La póliza (no) incluye indemnización por pérdida o robo de maletas y bolsos.

indemniser (v.tr.)
indemnizar (v.tr.)
Estamos de acuerdo en indemnizarle hasta 700 euros.

■ **insécurité (n.f.)**
inseguridad (n.f.)
Los delitos contra turistas tales como los tirones (vols à l'arraché), robos en semáforos y sustracción de objetos del interior de los vehículos contribuyen a crear un clima de inseguridad perjudicial a los hoteleros.

■ **perte (n.f.)**
pérdida (n.f.) o extravío (n.m.)
La póliza de seguro cubre la pérdida de equipaje.

■ **plainte (n.f.)**
denuncia (n.f.) o queja (n.f.)
Existen en la comisaría impresos en alemán, francés e inglés para la formulación de denuncias.

■ **police (n.f.)**
policía (n.f.)
Varias comisarías de la Costa del Sol cuentan con intérpretes que ayudan a crear una mayor comunicación entre la policía y la numerosa colonia extranjera que existe en la región.

■ **préjudice (n.m.)**
perjuicio (n.m.) o menoscabo (n.m.)
Ser víctima de un perjuicio.

prévoir (v.tr.)
prever (v.tr.)
Antes de salir de viaje, más vale prever los incidentes de todo tipo que nos acechan (guettent).

prime (n.f.)
prima (n.f.)
El importe de la prima depende de la importancia de los riesgos asegurados.

■ **réclamation (n.f.)**
reclamación (n.f.)
En todos los establecimientos en contacto con el público existe un libro (o una hoja) de reclamaciones y medidas reglamentarias a disposición del cliente: en éste, podrán consignarse las quejas relativas al servicio prestado, al igual que las deficiencias constatadas.

■ **remboursement (n.m.)**
reembolso (n.m.)
La agencia se responsabiliza de reembolsos posteriores si el cliente ha pagado un suplemento por habitación individual.

■ **responsabilité (n.f.)**
responsabilidad (n.f.)
Las cláusulas del contrato tienden a menudo a atemperar la responsabilidad contractual del transportista.

risque (n.m.)
riesgo (n.m.)
Este seguro cubre los riesgos siguientes: asistencia sanitaria, accidentes individuales, equipaje, defensa jurídica.

■ **sécurité (n.f.)**
seguridad (n.f.)
La suscripción de un contrato de seguro turístico aumenta el coste del viaje pero resulta insignificante en comparación con la seguridad que brinda al viajero.

■ **sinistre (n.m.)**
siniestro (n.m.)
Se fija la indemnización a partir de la evaluación del siniestro.

souscrire (v.tr.)
suscribir (v.tr.)
Suscribir un seguro.

surprime (n.f.)
sobreprima (n.f.)
Se pide una sobreprima para la ampliación del seguro.

terrorisme (n.m.)
terrorismo (n.m.)
Frente a las amenazas del terrorismo nacional e internacional, las medidas

implantadas en los aeropuertos son molestas para los viajeros pero mejoran indudablemente su seguridad.

vol (n.m.)
robo (n.m.)
La compañía aseguradora propone una opción que asegura el equipaje contra robos hasta un máximo de 500 euros.

vol à l'arraché
tirón (n.m.)

vol à la tire
ratería (n.f.)

D

ARGENT ET CHANGE
Dinero y cambio

acompte (n.m.)
pago (n.m.) parcial o provisional o a cuenta, o anticipo (n.m.)
Déme un pago de 250 euros a cuenta de su compra.

■ **addition (n.f.) (note, n.f.)**
cuenta (n.f.)
Camarero, ¿podría traerme la cuenta, por favor?

annuler (v.tr.)
cancelar (v.tr.)
En caso de pérdida o de robo, los cheques de viaje son cancelados inmediatamente después de ser notificada la irregularidad.

appoint (n.m.)
suelto (n.m.)
Lo siento, pero no tengo suelto.

■ **argent (n.m.)**
dinero (n.m.)
El dinero es el motor fundamental del viaje.

■ **arrhes (n.f.pl.)**
arras (n.f.pl.) o señal (n.f.)
Abonar como señal una cantidad de 180 euros.

arrondir (v.tr.)
redondear (v.tr.)
Redondear un importe.

arrondissage (n.m.)
redondeo (n.m.)
El Código de buenas prácticas concebido para facilitar al ciudadano la adaptación a la nueva moneda en el ámbito de los servicios, el comercio y la hostelería, informa a los consumidores sobre operaciones en euro, equivalencias, conversiones y redondeo.

■ **banque (n.f.)**
banco (n.m.)
El mejor lugar para cambiar moneda extranjera es un banco.

■ **billet (n.m.)**
billete (n.m.)
A aquel país lejano se debe ir provisto de un puñado de dólares en efectivo y en billetes pequeños (petites coupures) o monedas.

■ **bureau (n.m.) de change**
oficina (n.f.) de cambio, agencia (n.f.) (o casa, n.f.) de cambio
Entre el cambio y la comisión, la transacción en esta casa de cambio resulta desfavorable.

■ **caisse (n.f.)**
caja (n.f.)
No se paga en las secciones (rayons) sino en la caja central en la planta baja del almacén.

caissier (n.m.)
cajero (n.m.)
En Sudamérica, hasta los mismos cajeros de los hoteles de lujo ofrecen a menudo cambiar a precio de mercado negro (marché noir) fuera de las horas de oficina.

carnet (n.m.) de chèques ou chéquier (n.m.)
chequera (n.f.) o talonario (n.m.) de cheques
El sistema de Eurocheques consta de una tarjeta de garantía y un talonario de cheques, y con él se puede pagar en los establecimientos que tengan el emblema EC.

■ **carte (n.f.) de crédit**
tarjeta (n.f.) de crédito
El propietario de una tarjeta de crédito no tiene responsabilidad cuando la pierde desde el momento que lo comunica a la entidad emisora.

■ **change (n.m.)**
cambio (n.m.)
Si se opta por cambiar divisas en hoteles de las zonas muy turísticas, conviene informarse de las condiciones antes de hacerlo.

changer (v.intr.) (de l'argent)
cambiar (v.tr.) (dinero)
Al viajar, no suelo llevar mucho dinero encima y cambio cuando lo necesito en efectivo.

■ **chèque (n.m.)**
cheque (n.m.) o talón (n.m.)
Este hotel no admite los cheques personales (émis par un particulier).

chèque (n.m.) de voyage
cheque (n.m.) de viaje
Se pueden comprar los cheques de viaje en todos los bancos, en algunas agencias de viajes y en la Caja Postal.

code (n.m.) secret
clave (n.f.) secreta
Respecto a las medidas de precaución, conviene llevar siempre apuntado aparte la clave secreta y el número de la tarjeta de crédito, la dirección y teléfono del banco emisor.

coffre-fort (n.m.)
caja (n.f.) fuerte
En caso de llevar una cantidad considerable de dinero, lo más seguro es guardarlo en la caja fuerte del hotel donde se va a residir durante algún tiempo.

commission (n.f.)
comisión (n.f.)
Si la operación de cambio se realiza en efectivo en la ventanilla, la comisión cargada por el banco es del 1%.

compte (n.m.) (bancaire)
cuenta (n.f.) (bancaria)
Autorizo al banco para que pague con cargo a mi cuenta n°... .

contrôle (n.m.) des devises
control (n.m.) de divisas
Para los europeos, el control de divisas no tuvo sentido a partir de 1993.

convertisseur (n.m.)
conversor (n.m.)
En el nuevo portal de Internet especializado en viajes, el usuario puede encontrar un conversor de monedas.

■ **cours (n.m.) (cotation, n.f.)**
cotización (n.f.)
En los países con una creciente deuda exterior, las cotizaciones varían de un modo brutal de un día a otro.

dépôt (n.m.)
depósito (n.m.)
La reserva de la habitación dejará de tener efecto a las 18.00 horas del día de llegada salvo que previamente nos remita la cantidad de 210 euros en concepto de (à titre de) depósito.

■ **devise (n.f.)**
divisa (n.f.)
¿Es mejor comprar divisas en su país de origen o en el de destino?

distributeur (n.m.) automatique de billets (billeterie, n.f., ou guichet, n.m., automatique)
cajero (n.m.) automático o distri-

buidor (n.m.) automático de billetes
Las tarjetas internacionales cada día se utilizan más para obtener divisas en los cajeros automáticos.

échange (n.m.)
canje (n.m.)
Un Plan de Transición pone las bases para la retirada de billetes y monedas en pesetas, asegura una rápida puesta en circulación de euros desde comienzos del año 2002 e informa sobre el proceso de implantación y el canje.

échanger (v.tr.) (contre)
canjear (v.tr.) (por)
Pueden canjearse euros en cualquier banco por la divisa nacional.

■ **encaisser (v.tr.) (toucher)**
cobrar (v.tr.)
Cobrar una comisión.

■ **espèces (n.f.pl.)**
dinero (n.m.)
Para cubrir gastos en el aeropuerto, propinas, llamadas telefónicas, es aconsejable llevar dinero.

en espèces (en liquide)
en efectivo (n.m.) o en metálico (n.m.)
Pagar en efectivo (o en metálico).

établissement (n.m.) bancaire
establecimiento (n.m.) bancario o entidad (n.f.) bancaria
Este establecimiento bancario expide (délivre) Eurocheques.

■ **euro (n.m.)**
euro (n.m.)
El papel del euro no puede dejar de ser clave para España ya que el 90% de los turistas extranjeros que recibe son europeos, es decir, procedentes de países euro.

■ **facture (n.f.)**
factura (n.f.)
Se recomienda solicitar facturas para un futuro reembolso.

fonds (n.m.pl.)
fondos (n.m.pl.)
Es obvio que al viajero le interesa ir bien provisto de divisas fuertes para sacar el máximo provecho de sus fondos.

■ **frais (n.m.pl.)**
gastos (n.m.pl.)
Una forma muy cómoda de resolver los gastos de un viaje es sencillamente pagando con la mera presentación de una tarjeta de crédito.

■ **monnaie (n.f.)**
moneda (n.f.)
La implantación del euro como moneda única supone la disminución de costes y riesgos al evitar la compra de divisas, una mayor estabilidad económica y de precios, y una mayor facilidad al evaluar los precios.

■ **montant (n.m.)**
importe (n.m.), suma (n.f.)
Le rogamos que al hacer la reserva nos gire a cuenta el importe de 265 euros.

■ **paiement ou payement (n.m.)**
pago (n.m.)
Se admiten diferentes modalidades de pago.

payer (v.tr.)
pagar (v.tr.)
¿Cómo se pueden pagar los gastos en un país extranjero? ¿en efectivo, con cheques de viaje, eurocheques, o tarjetas?

■ **peseta (n.f.)**
peseta (n.f.)
La abreviatura de la difunta unidad monetaria española se escribe: Pta en singular, o Ptas en plural.

pièce (n.f.) de monnaie
moneda (n.f.)
En España se han acuñado y puesto en circulación nuevas monedas.

■ **reçu (n.m.) (récépissé, n.m.)**
recibo (n.m.)
Hay que exigir un recibo

■ **régler (v.tr.)**
abonar (v.tr.)
Abonar la cuenta con la tarjeta de crédito.

■ **signer (v.tr.)**
firmar (v.tr.)
Firmar un cheque.

signature (n.f.)
firma (n.f.)
El propietario de la tarjeta de crédito debe estampar su firma en ella.

solde (n.m.)
saldo (n.m.)
La factura indica un saldo de 100 euros.

■ **supplément (n.m.)**
suplemento (n.m.) o recargo (n.m.)
La cama supletoria en habitación doble lleva un recargo del 35 por ciento.

taux (n.m.) de change
tipo (n.m.) de cambio
La estabilidad, la baja o el alza del tipo de cambio depende de numerosos factores éconómicos y políticos.

titulaire (n.m.)
titular (n.m.)
La entidad emisora remitirá al titular de una tarjeta de crédito mensualmente los movimientos registrados en su cuenta.

unité (n.f.) monétaire
unidad (n.f.) monetaria
En España, la unidad monetaria era la peseta.

■ **versement (n.m.)**
abono (n.m.), depósito (n.m.)
Efectuar un abono a cuenta (à titre d'acompte)

voucher (n.m.) (terme anglais) ou bon (n.m.) d'échange
voucher (n.m.) o bono (n.m.)
Una vez que se ha emitido, el voucher garantiza al cliente la reserva, y al dueño del hotel el pago.

3
TRANSPORTS
Transportes

A
EN TRAIN
En tren

abonnement (n.m.)
abono (n.m.)
El "Eurorailpass" es un abono que da derecho a viajar en tren ilimitadamente.

■ **aller (n.m.) (simple)**
ida (n.f.) (sencilla)
Déme un billete de ida sencilla para Valencia.

■ **arrêt (n.m.) (halte, n.f.)**
parada (n.f.)
El tren turístico "Al-Andalus" hace paradas en Sevilla, Málaga, Córdoba y Granada.

■ **billet (n.m.)**
billete (n.m.)
Tras consultar el cuadro-horario del tren cuyo destino le interesaba, se dirigió a la ventanilla de billetes para obtener medio billete (billet à demi-tarif) de ida y vuelta (aller et retour).

bondé(-e) (plein à craquer)
abarrotado (-a)
Los trenes de cercanías están abarrotados en hora punta.

carte (n.f.) (donnant droit à réduction)
tarjeta (n.f.) (que permite conceder un descuento)
Se obtiene la tarjeta familiar (carte famille) en las taquillas de Renfe o en las agencias de viajes presentando el libro de familia; existen también la tarjeta Joven y la tarjeta dorada (vermeille) para los pensionistas mayores de 60 años.

■ **changement (n.m.)**
transbordo (n.m.)
No hay transbordo de Barcelona hasta Cádiz.

changer (à) (v.intr.)
transbordar (v.intr.), hacer transbordo (en)
Ud. tendrá la molestia de transbordar de un tren a otro en Barcelona.

■ **chemin de fer (n.m.)**
ferrocarril (n.m.)
La Red Nacional de Ferrocarriles Españoles (la RENFE) tiene el monopolio del transporte por tren en España.

■ **classe (n.f.)**
clase (n.f.)
Este tren internacional, verdadero "hotel rodante" tiene plazas acostadas con cabinas individuales, dobles o turistas y Gran Clase (con aseo completo).

■ **compartiment (n.m.)**
departamento (n.m.) o compartimento (n.m.) (o compartimiento, n.m.)
Un departamento para (no) fumadores.

compartiment (n.m.) à couchettes
departamento (n.m.) litera (o de literas)
La oferta de Renfe "6 × 4" consiste en dar a 4 pasajeros la oportunidad de viajar en departamento litera para 6 pagando 4 billetes.

compartiment-lit (n.m.) (ou cabine, n.f.)
cabina (n.f.) o departamento (n.m.) de cama
La cabina de cama decorada en tonos crema y marrón está dotada de climatización, aseo completo, teléfono interior y vídeo individual.

composter (v.tr.), ou poinçonner (v.tr.) un billet
picar (v.tr.) un billete
Para acceder al andén tiene que picar el billete.

■ **consigne (n.f.)**
consigna (n.f.)
Existen servicios de consigna automática en determinadas estaciones.

contrôleur (n.m.) (des billets)
revisor (n.m.)
En caso de no encontrar fácilmente el número de asiento que le corresponde, consulte al revisor.

■ **correspondance (n.f.) (ou changement, n.m.)**
enlace (n.m.), empalme (n.m.) o transbordo (n.m.)
Si Ud. busca una guía de trenes, podemos facilitarle alguna donde consultar horarios, frecuencias y enlaces.

■ **couchette (n.f.)**
litera (n.f.)
Los compartimentos de literas en España llevan seis plazas y son convertibles en asientos.

couloir (n.m.) (dans une voiture de voyageurs)
pasillo (n.m.) (en un coche)
Los pequeños viajeros pueden jugar en el pasillo central cuando el tren no ofrece un servicio especial de guardería.

■ **enregistrement (n.m.) (des bagages)**
facturación (n.f.) (del equipaje)

¿Dónde está el despacho para la facturación del equipaje?

fenêtre (n.f.)
ventanilla (n.f.)
Suelo reservar un asiento junto a la ventanilla.

funiculaire (n.m.)
funicular (n.m.)
Un funicular permite alcanzar la colosal cruz de hormigón armado de 150 metros de altura que domina la basílica del valle de los Caídos.

■ **gare (n.f.)**
estación (n.f.)
Gran parte de las estaciones cuentan con restaurantes, cantinas, cafeterías, librerías, quioscos de periódicos, cambio de moneda, galerías comerciales, correos y telégrafos.

■ **indicateur (n.m.) des chemins de fer**
guía (n.f.) de ferrocarriles
Marcel Proust confesó que la guía de ferrocarriles le parecía la "más embriagante novela de amor".

■ **ligne (n.f.) ferroviaire**
línea (n.f.) ferroviaria
La red ferroviaria ibérica consta de varias líneas: líneas de largo recorrido (grandes lignes), de alta velocidad, de cercanías (de banlieue), de contorno (de contournement) y secundarias.

manquer (v.tr.) le train (fam.: rater, v.tr.)
perder (v.tr.) el tren
No pierda el último tren nocturno.

■ **métro (métropolitain) (n.m.)**
metro (metropolitano) (n.m.)
Los coches del metro barcelonés comenzaron a rodar en 1926.

■ **parcours (n.m.)**
recorrido (n.m.)
Para recorridos largos, Renfe propone trenes climatizados con plazas sentadas de primera y segunda clase, servicios de restaurante/cafetería, vídeo, música ambiental y azafatas.

partir (v.intr.)
salir (v.intr.)
El tren sale de Madrid-Chamartín a las 22,40 horas con destino Granada.

passage (n.m.) souterrain ou surélevé
paso (n.m.) inferior o superior
Los andenes comunican por un paso superior.

■ **place (n.f.) assise**
asiento (n.m.) o plaza (n.f.) sentada
Los trenes "Intercity" son servicios diurnos, de plazas sentadas y con una duración máxima por recorrido de 4 h. 30 min.

■ **place (n.f.) couchée**
plaza (n.f.) acostada
Un tren de plazas acostadas realiza la conexión entre Barcelona y Suiza.

■ **quai (n.m.)**
andén (n.m.)
Una vez localizado el andén y la vía del tren, hay que buscar el número de coche o vagón y posteriormente el asiento o plaza adjudicada.

relier (v.tr.) (unir, v.tr.) (à)
enlazar (v.tr.) (con)
El problema de Renfe para enlazar con Europa es el ancho de vía (écartement des voies).

■ **réseau (n.m.) ferroviaire**
red (n.f.) ferroviaria
La tarjeta Inter-rail Junior permite viajar sin limitaciones durante un mes ininterrumpido por las redes ferroviarias de los países adheridos a este sistema.

réserver (v.tr.)
reservar (v.tr.)
Se puede reservar todo tipo de plazas sin recargo desde un mes hasta 48 horas antes de la salida del tren y una vez obtenida la reserva, se dispone de dos días para sacar los billetes.

■ **retard (n.m.)**
retraso (n.m.) o demora (n.f.)
La tópica demora de los trenes constituye la principal queja de los turistas extranjeros.

■ **retour (n.m.)**
vuelta (n.f.) o regreso (n.m.)
Para el regreso previsto el lunes por la mañana, déme un billete de ida y vuelta.

salle (n.f.) d'attente
sala (n.f.) de espera
La sala de espera da al vestíbulo (hall) de la estación.

ticket (n.m.) de quai ou de métro
billete (n.m.) de andén o de metro
Se puede obtener el billete de metro en la ventanilla de despacho de billetes o en el distribuidor automático.

■ **train (n.m.)**
tren (n.m.)
Existen varios tipos de trenes: los trenes de cercanías (de banlieue), los semidirectos que cubren recorridos algo más extensos y los de largo recorrido (grandes lignes) con paradas en las estaciones intermedias importantes.

train (n.m.) autos accompagnées
auto expreso (n.m.)
En auto expreso se transportan automóviles con capacidad máxima de nueve plazas, incluida la del conductor, y remolques de automóviles y embarcaciones que no excedan de 1,63 m. de altura y 6,50 m. de longitud.

train (n.m.) charter
tren (n.m.) charter
Las agencias de viajes pueden contratar trenes charter con precios y reducciones especiales: estos viajes se realizan alquilando un vagón completo o un tren entero de cualquier tipo y para cualquier recorrido.

train (n.m.) à grande vitesse (comme le TGV)
tren (n.m.) de alta velocidad (tal como el AVE)
Las obras de la línea del tren AVE (alta velocidad española) de Madrid a Sevilla (471 km.) han sido realizadas respetando el medio ambiente, lo cual ha necesitado la creación de 31 viaductos, 17 túneles y 113 toneladas de carriles.

■ **trajet (n.m.)**
trayecto (n.m.)
Los trenes españoles de largo recorrido son destinados a trayectos extensos con paradas en las estaciones intermedias importantes.

■ **wagon (n.m.) ou voiture (n.f.) de voyageurs**
vagón (n.m.) o coche (n.m.) (para viajeros)
Un tren de día de largo recorrido ofrece diversos servicios en los coches restaurante o bar y coche salón, y un tren de noche tiene coches litera y coches cama.

B

EN AVION
En avión

aérien (-ienne) (adj.)
aéreo (-a) (adj.)
El sector aéreo de Madrid comprende no sólo el aeropuerto civil de Barajas, sino el movimiento de las bases militares de Torrejón y de Getafe.

■ **aérogare (n.f.)**
terminal (n.f.) o estación (n.f.) terminal
El presidente de Iberia desea que se construya en el aeropuerto de Barajas una terminal propia para la compañía.

aéronautique (n.f. ou adj.)
aeronáutica (n.f.), aeronáutico (-a) (adj.)
La terminología aeronáutica consta esencialmente de vocablos ingleses.

aéronef (n.m.)
aeronave (n.f.)
Iberia ha adquirido nuevas aeronaves para atender mejor a sus pasajeros.

■ **aéroport (n.m.)**
aeropuerto (n.m.)
Se estudian planes de ampliación del aeropuerto con nuevas pistas, nuevas terminales y ordenación de espacios para hoteles y parque de empresas.

affréter (v.tr.)
fletar (v.tr.)
En los años 1960 nacen las compañías de vuelo charter que fletan sus aeronaves.

annuler (v.tr.)
anular (v.tr.), cancelar (v.tr.)
Punto de mira del terrorismo internacional, el aeropuerto tuvo que cancelar sus vuelos ante una amenaza de bomba.

attente (n.f.)
espera (n.f.)
El pasajero ha sido puesto en lista de espera en otro vuelo o clase.

■ **atterrir (v.intr.) (se poser, v.pr.)**
aterrizar (v.intr.), tomar (v.tr.) tierra
Por favor, abróchense los cinturones que vamos a tomar tierra.

■ **atterrissage (n.m.)**
aterrizaje (n.m.)
El aeropuerto recibirá unos treinta aterrizajes por hora.

aviation (n.f.)
aviación (n.f.)
En aviación los últimos nunca son los primeros; muchas veces los últimos pasajeros con billete confirmado se quedan sin volar.

■ **avion (n.m.)**
avión (n.m.)
Es posible hacer una parada intermedia, saliendo del aeropuerto donde se hace escala, para visitar la ciudad y tomar otro avión para proseguir el viaje.

avion (n.m.) long-courrier ou moyen-courrier
avión (n.m.) de largas distancias (o de largo vuelo o largo alcance) o avión de distancias medias (o de corto vuelo o medio alcance)
Las compañías aéreas internacionales poseen aviones de diferentes tamaños según las distancias que tienen que recorrer: los de largo alcance para los vuelos largos y los de medio alcance para los vuelos cortos.

avion (n.m.) de tourisme (petit)
avioneta (n.f.)
Para los desplazamientos por la República Dominicana se utilizan bastante las avionetas.

■ **billet (n.m.)**
billete (n.m.), pasaje (n.m.)
Para beneficiar de la tarifa "Mini España", las condiciones son que el billete se reserve, pague y emita el mismo día y que la estancia sea de un fin de semana como mínimo y catorce días como máximo.

billet "open" (n.m.)
billete abierto u open (n.m.)
Si la reserva se efectúa en situación abierta, hace falta anotar "Open" en el billete a lo largo de todas las casillas Vuelo/Clase-Fecha-Hora-Situación.

■ **bord (n.m.)**
bordo (n.m.)

La primera clase ofrece al pasajero obsequios (attentions) a bordo y menús con vinos de reserva.

boutique (n.f.) "hors taxe" (duty free shop)
tienda (n.f.) libre de (o sin) impuestos
Las tiendas libres de impuestos de aeropuertos ya no son lo que eran: en muchas ocasiones, sus precios son en algunos artículos más caros que en la calle.

cabine (n.f.) des passagers
cabina (n.f.) de pasajeros
Altamente cualificados, nuestros pilotos y tripulantes de cabina de pasajeros están ofreciendo su servicio a todos los niveles.

■ **carte (n.f.) d'embarquement**
tarjeta (n.f.) de embarque
El pasajero debe haber sido aceptado al vuelo, previa entrega por el transportista de la tarjeta de embarque.

ceinture (n.f.) de sécurité
cinturón (n.m.) de seguridad
Existen en el avión cinturones especiales provistos de un aro (boucle) que se fija al cinturón del adulto, para los niños que viajan en el regazo de sus padres.

■ **chariot (n.m.) à bagages**
carrito (n.m.) de equipaje
Los pasajeros se quejan de la falta de carritos.

■ **charter (n.m.)**
charter (n.m.)
Llamado durante una época "avión-taxi colectivo", el "charter" nació como elemento fundamental en la organización de viajes programados.

■ **classe (n.f.)**
clase (n.f.)
Las tarifas normales se dividen en varias clases: gran clase (classe de luxe), clase primera (première classe), clase de negocios (classe affaires) o intermedia (ou intermédiaire) que recibe diferentes nombres según las compañías aéreas (clase "preferente" en Iberia), clase turista (classe touriste) o económica.

commandant (n.m.) de bord
comandante (n.m.) de a bordo
El comandante de la aeronave nos da la bienvenida a bordo en nombre de toda la tripulación.

■ **compagnie (n.f.) aérienne**
compañía (n.f.) aérea o aerolínea (n.f.)
La compañía aérea más representativa de cada país recibe el nombre de "compañía de bandera".

comptoir (n.m.) d'enregistrement
mostrador (n.m.)
Los pasajeros deben presentarse en el mostrador de facturación antes de la hora límite de aceptación al vuelo.

contrôle (n.m.)
control (n.m.)
Entrar en contacto con la torre de control del aeropuerto.

contrôleur (n.m.) aérien, (aiguilleur, n.m., du ciel)
controlador (n.m.) aéreo
Los controladores son insuficientes para hacer frente al actual volumen de tráfico.

■ **décalage (n.m.) horaire**
diferencia (n.f.) horaria
Todos los pasajeros sienten una serie de trastornos debida a la diferencia horaria entre el punto de salida y de llegada cuando han atravesado varios husos (fuseaux) horarios durante el vuelo.

■ **décollage (n.m.)**
despegue (n.m.)

La principal ventaja de viajar en aerotaxi (avion-taxi) es que el horario lo fija el cliente y sólo necesita estar en el aeropuerto 15 minutos antes del despegue.

■ **décoller (v.intr.)**
despegar (v.intr.)
El aparato se incendió al despegar del aeropuerto.

défection (n.f.) (non présentation, n.f.)
falta (n.f.) de presentación, o desistimiento (n.m.)
Aplicando la norma de "cada pasajero con su maleta", cualquier equipaje facturado se queda en tierra en caso de falta de presentación del pasajero.

dérèglementation (n.f.)
desregularización (n.f.)
En 1988, Europa inició la desregularización del tráfico aéreo y de sus tarifas a fin de intensificar la competencia (concurrence).

■ **desserte (n.f.) aérienne**
servicio (n.m.) de comunicación aérea
Existe un servicio de comunicación aérea entre Jerez de la Frontera y Barcelona o Madrid.

écran (n.m.)
pantalla (n.f.)
En la pantalla del aeropuerto se indican las salidas, llegadas y retrasos de los vuelos.

■ **escale (n.f.) (faire)**
escala (n.f.) (hacer)
Muchas agencias venden billetes de avión de compañías que hacen escala en España, de camino a otros puntos del mundo.
repostar (faire une escale technique)
Después de repostar una hora en Niza la aeronave continúa viaje a Africa.

■ **excédent (n.m.) de bagages**
exceso (n.m.) de equipaje
En la clase primera, la franquicia permitida suele ser de hasta 30 kg.; se paga un suplemento en caso de exceso de equipaje.

flotte (n.f.)
flota (n.f.)
Los modelos utilizados para los vuelos charters son equiparables a los del resto de las flotas.

frêt (n.m.)
flete (n.m.)
En vuelos regulares, la escasez de viajeros puede ser compensada por el flete.

grève (n.f.)
huelga (n.f.)
Las huelgas mantenidas por el Sindicato de pilotos han sido de una dureza poco común.

hélicoptère (n.m.)
helicóptero (n.m.)
Al lado del aeropuerto, los helicópteros pueden aterrizar en un helipuerto.

■ **hôtesse (n.f.) de l'air**
azafata (n.f.) de vuelo
Amables azafatas nos dan la bienvenida a bordo y nos acomodan en los asientos.

■ **hublot (n.m.)**
ventanilla (n.f.)
Desde la ventanilla, distinguía alguna ciudad, un río, una montaña.

■ **liaison (n.f.)**
conexión (n.f.) o enlace (n.m.)
Desde el pasado mes de junio, la frecuencia de vuelos Madrid Atenas es diaria, con enlaces a los cinco continentes.

■ **ligne (n.f.) aérienne**
línea (n.f.) aérea
Las grandes líneas aéreas internacionales ofrecen a sus viajeros: servicio, calidad en ese servicio y el mejor precio.

maintenance (n.f.)
mantenimiento (n.m.)
12.500 técnicos y 530 ingenieros han convertido la base de mantenimiento en un centro de tecnología aeronáutica de gran reputación internacional.

overbooking (n.m.) ou surbooking (n.m.)
overbooking (n.m.) o sobreventa (n.f.) de billetes, o sobrecontratación (n.f.)
Las consecuencias de un overbooking, práctica bastante habitual en el tráfico aéreo, pueden ser particularmente desagradables para los usuarios que pueden presentar quejas para conseguir alguna indemnización económica.

■ **passager (n.m.)**
pasajero (n.m.)
El aeropuerto de Palma de Mallorca bate récords de pasajeros en agosto.

passagers (l'ensemble des)
pasaje (n.m.)
El pasaje está embarcado y el comandante preparado para despegar.

■ **passerelle (n.f.)**
escalerilla (n.f.)
Un autobús nos conduce a la escalerilla del avión.

personnel (n.m.) au sol et personnel navigant
personal (n.m.) de tierra y personal de vuelo
La huelga del personal de tierra provocó un amotinamiento (émeute) de pasajeros hartos de esperar.

■ **pilote (n.m.)**
piloto (n.m.)
El miércoles pasado, dos aviones estuvieron a punto de chocar; afortunadamente, ambos pilotos realizaron una maniobra de evasión (évitement) y evitaron el choque in extremis.

piste (n.f.) (d'envol ou de décollage, ou d'atterrissage)
pista (n.f.) (de despegue o de aterrizaje)
Las dos pistas de Barajas no son paralelas, sino que forman una X: una se utiliza para despegues y otra para aterrizajes.

pont (n.m.) aérien
puente (n.m.) aéreo
La densidad del tráfico aéreo con destino a Mallorca es tal que impone la existencia de un puente aéreo.

retarder (v.tr.) (prendre du retard)
retrasar (v.tr.) (retrasarse, v.pr.)
La compañía no puede evitar que treinta vuelos estén retrasados por la avalancha de pasajeros que se produce al final de los meses de verano.

satellite (n.m.) d'embarquement
módulo (n.m.) de embarque
En el interior de los módulos de embarque se sitúan las salas de espera para los pasajeros que, a través de las pasarelas telescópicas (o "fingers"), embarcan directamente en el avión.

secousse (n.f.) (due aux trous d'air)
sacudida (n.f.) (acarreada por los baches)
Después de una sacudida debida a un pequeño bache, el avión rueda suavemente por la pista.

soute (n.f.) à bagages
bodega (n.f.) de carga
El fuselaje, que es el cuerpo del avión, se divide en cabina de tripulación, cabina de pasajeros y bodega.

■ **steward (n.m.)**
steward (n.m.) o auxiliar de vuelo (n.m.)

Los niños reciben de los auxiliares de vuelo algún juguete o pasatiempo.

■ **survoler (v.tr.)**
sobrevolar (v.tr.)
El helicóptero sobrevoló la supuesta zona del siniestro.

■ **tapis (n.m.) roulant**
cinta (n.f.) transportadora
Las cintas transportadoras están capacitadas para transportar unas tres mil maletas a la hora.

taxe (n.f.) d'aéroport
tasa (n.f.) de aeropuerto
En ciertos aeropuertos, los trámites de aceptación al vuelo incluyen el pago de una tasa de aeropuerto.

terminal (n.m.)
terminal (n.f.)
La nueva terminal de viajeros aloja todos los servicios, incluidos línea de autobuses, taxis y alquiler de automóviles.

trafic (n.m.) aérien
tráfico (n.m.) aéreo
El año pasado, el tráfico internacional subió un 4 por ciento y el doméstico bajó un 2 por ciento.

transit (n.m.)
tránsito (n.m.)
Durante la escala en Madrid me quedé en la sala para pasajeros en tránsito.

■ **vol (n.m.)**
vuelo (n.m.)
Tengo que coger el vuelo de París esta noche.

voler (v.intr.)
volar (v.tr.)
Para volar a una altitud superior a 3.000 metros, el aparato tiene que estar presurizado.

C

EN BATEAU
En barco

accostage (n.m.) (amarrage, n.m., à quai)
atraque (n.m.)
Desde dos puntos de atraque próximos al club náutico, se llega por el río en catamaranes al Puerto Expo.

■ **accoster (v.intr.)**
atracar (v.intr.)
¿Cuándo atracaremos en Ibiza?

aéroglisseur (n.m.)
aerodeslizador (n.m.)
Para atravesar el canal de la Mancha se ha pasado de 1 hora 50 minutos de duración en un transbordador convencional, a 40 minutos en un aerodeslizador.

agent (n.m.) maritime
agente (n.m.) marítimo
Este agente marítimo representa a varias compañías marítimas.

amarrer (v.tr.)
atracar (v.intr.) o amarrar (v.tr.)
Quince hoteles flotantes amarraron en Barcelona para alojar a varios millares de visitantes durante los Juegos Olímpicos.

armateur (n.m.)
armador (n.m.)
El armador es la persona o sociedad que por su cuenta equipa una embarcación.

ancre (n.f.)
ancla (n.f.)
Se puede echar el ancla en la ensenada a prudente distancia de la costa / o: el barco zarpó (levó el ancla) rumbo a Madeira.

■ **appareillage (n.m.) (d'un navire)**
salida (n.f.) (de un barco)
La salida del barco se efectuará a las 19 horas.

arrivée (n.f.)
arribada (n.f.) (terme maritime) o llegada (n.f.)
Los cruceristas han decidido madrugar para presenciar la arribada del buque a Malta.

bâbord (n.m.)
babor (n.m.)
Babor es el lado izquierdo de la embarcación, mirando a proa.

bac (n.m.)
barca (n.f.) de pasaje o barcaza (n.f.)
En Coria del Río, una barca de pasaje permite cruzar el Guadalquivir.

barque (n.f.)
barca (n.f.)
Desde Sanlúcar de Barrameda, un servicio regular de barcas permite a las personas acceder al Parque de Doñana.

■ **bateau (n.m.)**
barco (n.m)
El barco iba a soltar pronto amarras y enfilar a media máquina hacia la bocana del puerto.

■ **bateau (n.m.) de croisière**
barco (n.m) crucerista, buque (n.m) de crucero o nave (n.f.) de crucero
Este barco crucerista, renovado en fecha reciente, hace todos los domingos su salida desde Barcelona con destino a Palma de Mallorca, Túnez, Palermo, Capri y Génova.

bateau-mouche (n.m.)
golondrina (n.f.)
En el puerto de Barcelona, largas colas de gente intentan subir a las golondrinas, pequeñas naves que constituyen una empresa más que centenaria.

bâtiment (n.m)
buque (n.m.)
Las dársenas (bassins portuaires) están llenas de buques.

■ **bord (n.m.) (à)**
bordo (n.m.) (a)
A bordo, el pasajero dispone de diferentes servicios de hostelería de acuerdo con las características del buque.

■ **cabine (n.f.)**
camarote (n.m.) o cabina (n.f.)
Hay diferentes clases (clase lujo, primera clase, clase turista y clase económica) y varios tipos de camarotes (camarote exterior o interior, doble, triple o cuádruple).

■ **cap (n.m.) (direction, n.f.)**
rumbo (n.m.)
A causa del ciclón el barco tiene que desviar el rumbo.

■ **capitaine (n.m.)**
capitán (n.m.)
Fijamos con el capitán del barco alquilado el recorrido que deseábamos.

■ **car-ferry (n.m.) (transbordeur, n.m.)**
ferry (n.m.), transbordador (n.m.)
Los transbordadores poseen una estampa característica con un "corte" en la popa para la entrada de vehículos.

cargo (n.m.) (ou navire, n.m., de charge)
carguero (n.m.) o buque (n.m.) de carga (anglicismo: cargo, n.m.)
El pasajero de un carguero mixto se ve inmerso en un modo de vida diferente al desarrollado en un buque normal.

chaise-longue (n.f.)
tumbona (n.f.)

En la cubierta, los cruceristas se relajan en las tumbonas.

■ **commissaire (n.m.) de bord**
comisario (n.m.) de a bordo
El comisario de a bordo está encargado del bienestar de los pasajeros.

■ **compagnie (n.f.) maritime**
compañía (n.f.) marítima o naviera
Una novedad de la naviera es el "plan familiar" mediante el que durante los meses de verano, los menores de 18 años acompañados viajan gratis.

■ **croisière (n.f.)**
crucero (n.m.)
La categoría del crucero que es determinante en el precio, generalmente está indicada en los catálogos por pequeñas anclas o barcos que equivalen a las estrellas de un hotel en tierra.

débarcadère (n.m.) (et embarcadère, n.m.)
atracadero (n.m.) (y embarcadero, n.m.)
El atracadero se sitúa a orillas del río.

■ **débarquement (n.m.) (des passagers et des marchandises)**
desembarque (n.m.)
El desembarque de los vehículos en régimen de equipaje es riesgo del propietario.

■ **débarquer (v.intr.) (descendre à terre)**
desembarcar (v.intr.), bajar (v.intr.) a tierra
El cuarto día baje a tierra para recorrer la costa del Peloponeso.

■ **destination (n.f.)**
rumbo (n.m.)
El barco parte de Génova rumbo a Nápoles y Estambul.

■ **embarquement (n.m.) (des passagers et des marchandises)**
embarque (n.m.)
La no presentación al embarque o la cancelación de reservas pueden estar sujetas a penalización, según condiciones de la tarifa aplicada.

■ **embarquer (v.intr.) ou s'embarquer (v.pr.) (monter a bord)**
embarcar (v.intr.) o embarcarse (v.pr.)
Se embarca en la motonave (bateau à moteur) "Ciudad de Chiclana" en el puerto marinero de Sancti Petri (Cádiz) para efectuar un recorrido de dos horas.

■ **équipage (n.m.) (ou les membres de l'équipage)**
tripulación (n.f.) (los tripulantes)
En un carguero, el pasajero tiene el placer de compartir la comida con la tripulación.

■ **escale (n.f.)**
escala (n.f.)
Este buque de pasajeros utiliza ciertos puertos españoles para hacer escala en sus largas travesías.

■ **fauteuil (n.m.)**
butaca (n.f.)
Me conviene más un camarote que una butaca para la travesía de Barcelona a Palma.

■ **ferry-boat (n.m.) (transbordeur, n.m.)**
transbordador (n.m.) (anglicismo: ferry boat, n.m.)
El servicio de transbordadores permite además del transporte el de todo tipo de vehículos.

■ **gare (n.f.) maritime**
estación (n.f.) marítima
De la estación marítima de Cádiz salen los buques que aseguran las relaciones marítimas con la isla de Tenerife.

houle (n.f.)
oleaje (n.m.)
A causa del oleaje, con el balanceo

(roulis) y el cabeceo (tangage) del barco, me mareo.

■ **hublot (n.m.)**
portilla (n.f.) u ojo (n.m.) de buey
El precio está en función del tipo de camarote elegido: con o sin ojo de buey (exterior o interior) y de la cubierta donde está ubicado.

hydrofoil (n.m.)
hidrofoil (n.m.)
El hidrofoil se utiliza para travesías de media a una hora de duración tales como Málaga-Tánger que dura 30 minutos, las Palmas-Tenerife que tarda 1 hora 20 minutos.

large (n.m.) (prendre le)
hacerse (v.pr.) a la mar
Cuando el barco se hizo a la mar, se desató la tormenta.

largeur (n.f.) (d'un bateau)
manga (n.f.)
La anchura mayor de un buque se llama la manga.

longueur (n.f.) (d'un bateau)
eslora (n.f.)
La eslora es la longitud de proa a popa.

marin (n.m.) (matelot, n.m.)
marinero (n.m.)
El conjunto de los marineros a bordo forma la marinería.

maritime (adj.)
marítimo (-a) (adj.)
La zona marítima.

■ **mer (n.f.)**
mar (n.m.) (les noms de mer sont toujours au masculin)
El mar mediterráneo.
mar (n.f.) (normalement ce substantif est au masculin, mais les gens de mer l'utilisent au féminin)
Navegar en alta mar.

mille marin (n.m.)
milla (n.f.)
La milla, medida itineraria marina, equivale a 1.852 metros.

mouillage (n.m.) (ou: poste de)
fondeadero (n.m.)
La isla ofrece a los barcos de reducido calado (à faible tirant d'eau) buenos fondeaderos de arena a prudente distancia de sus costas.

mouiller (v.intr.)
fondear (v.intr.)
Se recomienda fondear en la playa en el extremo sureste de la isla.

■ **navire (n.m.)**
buque (n.m.) o navío (n.m.)
El buque de esta compañía de cruceros está concebido como un gran edificio de alta tecnología con doce pisos que terminan a 35 metros de altura.

■ **navigation (n.f.)**
navegación (n.f.)
La navegación de nuestra segunda jornada nos llevará hasta la misma puerta oceánica de la ría.

■ **naviguer (v.intr.)**
navegar (v.intr.)
Navegaremos con extrema atención al filo de los islotes.

noeud (n.m.) marin
nudo (n.m.)
Refiriéndose a la velocidad por hora de una nave, el nudo equivale a una milla.

■ **paquebot (n.m.)**
paquebote (n.m.)
El majestuoso paquebote navega por las Antillas mayores y menores.

partance (en)
salir (a punto de)

■ **passage (n.m.) (billet de passage)**
pasaje (n.m.) (billete de pasaje)

Los pasajeros deben examinar el billete de pasaje y especialmente sus condiciones.

■ **passager (n.m.)**
pasajero (n.m.)
El pasajero de cabina tiene derecho al transporte gratuito de 60 kg. de equipaje de uso personal y el de butaca 20 kg.

■ **passager (n.m.) de croisière**
crucerista (n.m.)
Entre los cruceristas había parejas en luna de miel, familias cargadas de retoños y grupos de animosos jubilados.

pavillon (n.m.)
bandera (n.f.) o pabellón (n.m.)
A menudo la bandera se escoge por razones fiscales: así es como Panamá y Liberia son los países con mayor flota del mundo.

■ **pont (n.m.)**
cubierta (n.f.) o puente (n.m.)
Subir a cubierta superior.

■ **port (n.m.)**
puerto (n.m.)
El próximo puerto de arribada es Cádiz.

poupe (n.f.) (partie arrière du navire)
popa (n.f.)
La popa es la parte trasera de la nave.

proue (n.f.) (partie avant du navire)
proa (n.f.)
La proa es la parte delantera de la nave.

■ **quai (n.m.)**
muelle (n.m.)
El barco atraca en el muelle.

relâche (n.f.)
escala (n.f.), arribada (n.f.)
El buque hace escala en Venecia.

sauvetage (n.m.)
salvamento (n.m.)
Durante la rápida maniobra simulada de salvamento en cubierta, aprendimos a utilizar los salvavidas (bouées) y chalecos salvavidas (gilets de sauvetage) y reconocimos nuestro bote de salvamento y las balsas salvavidas (radeaux de sauvetage).

■ **steward (n.m.)**
camarero (n.m.)
Los camareros son responsables del servicio de camarotes.

tonnage (n.m.) ou jauge (n.f.)
tonelaje (n.m.) o arqueo (n.m.)
El tonelaje que se mide en toneladas (tonneaux) se usa para calcular el desplazamiento de los buques.

toucher (v.intr.)
tocar en (v.intr.), hacer escala en (v.intr.)
El crucero nos conduce a tocar en varias islas del mar Egeo.

transatlantique (n.m. ou adj.)
transatlántico (n.m. o adj.) o trasatlántico (n.m. o adj.)
Casí todos los grandes transatlánticos de antaño han desaparecido.

■ **traversée (n.f.)**
travesía (n.f.)
Los oficiales suelen informar durante la travesía de los pormenores relacionados con las próximas escalas.

traverser (v.tr.)
atravesar (v.tr.) o cruzar (v.tr.)
Atravesar el atlántico.

tribord (n.m.)
estribor (n.m.)
Estribor es el lado derecho de la embarcación, mirando a proa.

voilier (n.m.)
velero (n.m.)

Algunos mayoristas dedicados a viajes aventureros, alquilan veleros para recorridos por el mediterráneo.

D

EN CAR OU AUTOMOBILE
En autocar o automóvil

■ **accès (n.m.) (à une localité)**
acceso (n.m.)
El acceso al puerto se realiza por una carretera comarcal en mal estado.

accident (n.m.)
accidente (n.m.)
No está en nuestras manos protegernos totalmente de un accidente de circulación: la actitud de terceros escapa a nuestro control.

accotement (n.m.), bas-coté (n.m.) (bande, n.f., d'arrêt d'urgence sur les autoroutes)
arcén (n.m.)
En caso de avería o accidente, retirar el vehículo de la calzada al arcén y siempre que sea posible, sacarlo fuera de la carretera.

■ **aire (n.f.) (sur les autoroutes)**
área (n.f.)
En el peaje de la autopista un grupo de jóvenes entrega folletos a los viajeros en los que figura un mapa con las áreas de descanso (de repos), recreativas (de jeux) y de servicio (de service) en su ruta a las costas.

alcootest (n.m.) et prise (n.f.) de sang
prueba (n.f.) de la alcoholemia y toma (n.f.) de sangre
El conductor se sometió de buen grado a la prueba de la alcoholemia.

■ **amende (n.f.) (de contravention)**
multa (n.f.)
Me pusieron una multa porque no tenía el ticket en el parabrisas.

■ **arrêt (n.m.)**
parada (n.f.)
El autobús no se detiene en las paradas discrecionales si los usuarios no lo piden.

■ **autobus (n.m.)**
autobús (n.m.)
Un servicio de autobuses interurbanos de línea regular que tiene salida en Cádiz cubre varios pueblos y ciudades de la provincia.

■ **autocar (n.m.) ou car (n.m.)**
autocar (n.m.)
El autocar de dos pisos en servicio discrecional (en service spécial) es de 70 plazas sin tener en cuenta ni al conductor ni al guía.

■ **autocariste (n.m.)**
autocarista (n.m.)
Este autocarista tiene una magnífica flota de autocares de gran calidad y muy avanzado diseño.

■ **automobile (n.f.) ou auto (n.f.)**
automóvil (n.m.) o auto (n.m.)
En cada automóvil viajaba una media de tres personas.

automobiliste (n.m. ou f.)
automovilista (n.m. o f.)
El automovilista debe iniciar el viaje descansado.

■ **autoroute (n.f.)**
autopista (n.f.), autorruta (n.f.) (amer.)
Esta autopista mantiene el record (o récord) de carretera más peligrosa del país.

auto-stop (n.m.) (le pouce)
autostop (n.m.) (el pulgar)

Resulta difícil hacer autostop porque los automovilistas partidarios de esta práctica no son muchos.

auto-stoppeur (-euse) (n.m. ou f.)
autostopista (n.m. o f.)
En Europa y en Estados Unidos, a nadie le extraña ver a un autostopista en la carretera.

axe (n.m.) routier
eje (n.m.) vial
España ha mejorado sobremanera sus ejes viales principales o secundarios.

■ **bouchon (n.m.) (encombrement, n.m., embouteillage, n.m.)**
atasco (n.m.), colapso (n.m.), embotellamiento (n.m.) o retención (n.f.)
Ayer hubo retenciones de hasta 8 kilómetros en la N.340 a su paso por la Costa del Sol.

bretelle (n.f.) (de raccordement entre deux routes)
empalme (n.m.), carretera (n.f.) de enlace, o conexión (n.f.)
La Dirección de carreteras de la Comunidad de Madrid considera que el enlace de la carretera de Barcelona (N II) con la M 30 en la avenida de América, debe mejorar.

camping-car (n.m.)
autocaravana (n.f.)
Viajar en autocaravana permite un contacto directo con la gente, proporciona libertad e independencia.

caravane (n.f.)
caravana (n.f.)
La caravana permite viajar sin depender de los horarios o itinerarios que imponen otros sistemas turísticos.

■ **carrefour (n.m.) (croisement, n.m. ou intersection, n.f.)**
encrucijada (n.f.) o cruce (n.m.)
Este cruce es propicio para los accidentes de tráfico.

carte grise (n.f.)
permiso (n.m.) de circulación
La documentación del coche consta del permiso de circulación y de la carta verde.

■ **carte routière (n.f.)**
mapa (n.m.) de carreteras
El mapa de carreteras facilita al viajero toda una serie de información respecto al itinerario que va a recorrer.

■ **ceinture (n.f.) de sécurité**
cinturón (n.m.) de seguridad
Son frecuentes los accidentes en un recorrido de dos a tres kilómetros dado que el conductor no se pone el cinturón de seguridad.

■ **chauffeur (n.m.)**
chófer (n.m.) (o conductor, n.m.)
Esta voz no admite femenino, es sólo masculino: no se dice la chófer sino la conductora de un vehículo.

■ **chaussée (n.f.)**
calzada (n.f.)
En caso de sentir cansancio o somnolencia se debe estacionar el vehículo fuera de la calzada para dormir.

circulation (n.f.) (trafic, n.m.)
circulación (n.f.) o tráfico (n.m.)
¡Qué circulación había!

■ **circuler (v.intr.)**
circular (v.intr.)
Es fundamental tener una buena visión para circular y si las escobillas del limpiaparabrisas (les balais d'essuie-glaces) están en mal estado, cámbielas.

conducteur (-trice) (n.m. ou f.)
conductor (-a) (n.m. o f.)
Se pide prudencia a los conductores en el puente de la Virgen (le pont du

15 août) durante el cual circularán más de 7 millones de vehículos.

■ **conduire (v.tr. ou intr.)**
conducir (v.tr. o intr.)
Conducir con precaución.

conduite (n.f.)
conducción (n.f.)
La conducción debe adaptarse a los diferentes terrenos: arena, nieve, escarcha, barro.

■ **contournement (n.m.) (ceinture de) (ou boulevard, n.m., périphérique, rocade, n.f.)**
circunvalación (cinturón de) (o ronda)
El cinturón de circunvalación de 75 km. concentra los atascos en sus dos extremos.

dépasser (v.tr.) (doubler, v.tr.)
adelantar (v.tr.)
Está prohibido adelantar en tramos en los que no existe visibilidad.

■ **desservi (-e) (adj.)**
comunicado (-a) (adj.)
Este arrabal está bien comunicado.

déviation (n.f.)
desvío (n.m.)
Desvío por obras en la carretera.

■ **essence (n.f.)**
gasolina (n.f.)
La distribución de la gasolina es monopolio del Estado a través de la CAMPSA.

■ **feux tricolores (n.m.pl.) (de signalisation)**
semáforo (n.m.)
Un semáforo es un lugar muy adecuado para hacer autostop.

fiacre (n.m.) (voiture, n.f., à cheval, calèche, n.f.)
coche (n.m.) de caballo (calesa, n.f.)
En Sevilla, es un placer dar un paseo en coche de caballo por el parque de María Luisa.

■ **gare (n.f.) des autobus (gare routière)**
estación (n.f.) de autobuses
Las estaciones centrales de autobuses informan al viajero acerca de los diferentes trayectos de cada compañía.

■ **garer (v.tr.) et garer (se) (v.pr.)**
aparcar (v.tr. o intr.)
hemos aparcado delante del hotel.

■ **kilométrage (n.m.)**
kilometraje (n.m.)
Las tarifas de las compañías más conocidas de alquiler de coches se basan en tiempo y kilometraje.

■ **location (n.f.) de voitures**
alquiler (n.m.) de automóviles
El alquiler de automóviles es un producto muy aconsejable para las familias que desean visitar una zona "a su aire" (à sa guise).

louer (v.tr.)
alquilar (v.tr.)
Para recorrer Mallorca alquilé un coche por un período de 7 días con kilometraje ilimitado.

minibus (n.m.) (ou minicar, n.m.)
microbús (n.m.)
Un microbús recoge a los turistas en el aeropuerto para trasladarles al hotel.

navette (n.f.)
lanzadera (n.f.)
Un sistema de lanzaderas gratuito recorre los dos grandes bloques de aparcamientos de la Exposición.

■ **panne (n.f.)**
avería (n.f.)
En caso de avería, señale su posición a la distancia reglamentaria.

■ **panneau (n.m.) de signalisation routière**
señal (n.f.) de tráfico o de tránsito
Demasiados conductores no respetan las señales de tráfico.

■ **parcmètre ou parcomètre (n.m.)**
parquímetro (n.m.)
El automovilista siempre debe tener calderilla (des pièces de monnaie) para los parquímetros.

■ **parking (n.m.), parcage (n.m.)**
aparcamiento (n.m.) o parking (n.m.)
El casco antiguo de la ciudad dispone de aparcamientos de pago (payant) cuyas tarifas son distintas durante el día y durante la noche.

passage (n.m.)
paso (n.m.)
Si circula por nieve, ceda siempre el paso al coche que sube.

■ **péage (n.m.)**
peaje (n.m.)
Se formó una caravana de vehículos de cerca de 7 kilómetros en el peaje de Oyarzún de la autopista A8 Bilbao-Behovia.

■ **permis (n.m.) de conduire**
carnet (n.m.) (o permiso, n.m.) de conducir
Para el alquiler de un coche, el conductor debe haber sacado el permiso de conducir al menos 6 meses antes.

pneu (n.m.)
neumático (n.m.)
Unos neumáticos sin apenas relieve constituyen un verdadero peligro.

■ **poste d'essence (n.m.)**
gasolinera (n.f.) (depósito para venta al público)
En esta gasolinera hay varios surtidores (pompes à essence) de gasolina super, normal y sin plomo.

priorité (n.f.)
prioridad (n.f.) o preferencia (n.f.) de paso
Por lo general, se concede la preferencia de paso a la izquierda.

■ **réseau (n.m.) routier**
red (n.f.) de carreteras, red vial o red viaria
La mejora de la red vial ha eliminado los principales puntos de conflicto en la provincia.

■ **route (n.f.)**
carretera (n.f.)
La ruta (route: itinéraire) de los pueblos blancos se realiza a lo largo de carreteras nacionales teniendo que enlazar en numerosas ocasiones con sinuosas comarcales (régionales).

signalisation (n.f.)
señalización (n.f.)
Desde el cambio de señalización de la vía, el número de accidentes se ha reducido considerablemente.

■ **station (n.f.) service**
estación (n.f.) de servicio
Lo más importante a la hora de recorrer grandes distancias por áreas perdidas donde no existen estaciones de servicio, es ir provisto de grandes bidones de carburante hasta cubrir la etapa.

■ **stationnement (n.m.)**
estacionamiento (n.m.)
El estacionamiento está prohibido en el casco urbano.

stationner (v.tr. ou intr.)
estacionar (v.tr.) o estacionarse (v.pr.)
El conductor del autocar puede estacionar delante del hotel para descargar los equipajes.

■ **taxi (n.m.)**
taxi (n.m.)

En la parada de taxis que está a la salida del aeropuerto, los taxistas (chauffeurs de taxis) esperan a los pasajeros.

ticket (n.m.) d'autobus
billete (n.m.) de autobús
El conductor del autobús me entrega el billete.

■ **tourner (v.intr.) (à droite ou à gauche)**
doblar (v.intr.) o girar (v.intr.) o torcer (v.intr.) (a la derecha o a la izquierda)
El automovilista puso el intermitente (clignotant) a la derecha y después giró a la derecha.

■ **trafic (n.m.)**
tráfico (n.m.)
El tráfico urbano es intenso esta mañana porque los semáforos no funcionan y hay más atascos que nunca.

■ **transports (n.m.pl.) en commun**
transportes (n.m.pl.) colectivos
El autobús como transporte colectivo constituye un medio perfecto para sumergirse de verdad en el alma del pueblo que se visita.

transporteur (n.m.)
transportista (n.m.)
La compañía transportista prepara los documentos para el tráfico del autocar.

tronçon (n.m.)
tramo (n.m.)
El plazo previsto para la ejecución del tramo oeste entre la N V y la N VI es de 23 meses.

■ **véhicule (n.m.)**
vehículo (n.m.)
Con este vehículo todo terreno, uno se mueve como pez en el agua en caminos y pistas de tierra, sobre todo si no tienen mucha pendiente.

virage (n.m.) (tournant, n.m.)
curva (n.f.) o viraje (n.m.)
Debe corregirse el peralte (relèvement) de algunas curvas.

■ **vitesse (n.f.) (limitation, n.f., de)**
velocidad (n.f.) (limitación, n.f., de)
Le recomendamos no sobrepasar las velocidades establecidas

voie (n.f.) (de circulation)
carril (n.m.)
Los servicios técnicos del Ayuntamiento estudian la posibilidad de habilitar un carril para bicicletas en diversas calles de la ciudad.

■ **voie express (n.f.) (route à chaussées séparées)**
autovía (n.f.) (carretera de calzadas distintas)
Sevilla está intercomunicada con Zaragoza por una autovía.

■ **voiture (n.f.)**
coche (n.m.)
El espíritu individualista de los españoles se refleja en el medio de transporte elegido para veranear: el 64% utiliza el coche propio.

LE SÉJOUR
La estancia

1 LIEUX DE SÉJOUR
Lugares de estancia

A LA VILLE
La ciudad

■ **agglomération (n.f.)**
poblado (n.m.) o núcleo (n.m.) urbano
Atravesar un poblado.
ciudad (n.f.) y suburbios
Barcelona y sus suburbios.

■ **arcades (n.f.pl.)**
soportales (n.m.pl.)
De fuerte sabor castellano, Pedraza de la Sierra debe en parte su encanto a su plaza mayor rodeada de casas de vetustos soportales.

arrondissement (n.m.)
distrito (n.m.)
En el distrito 7 de Paris, se encuentran la Torre Eiffel, los Inválidos y el bulevar Saint-Germain.

■ **avenue (n.f.)**
avenida (n.f.)
El itinerario más directo pasa por la avenida de las Palmeras (Sevilla).

axe (n.m.)
eje (n.m.)
Los dos ejes que constituyen la Diagonal y las Ramblas recuerdan la ordenación de la antigua Barcelona a partir del cardo y el decumanus, hoy casi desaparecidos.

■ **banlieue (n.f.)**
afueras (n.f.pl.) o cercanías (n.f.pl.)
Las afueras de ciertas metrópolis constituyen importantes bolsas de pobreza con sus chabolas.

■ **bidonville (n.m.), (le phénomène des bidonvilles)**
chabolas (n.f.pl.) (el chabolismo)
Según el Plan elaborado por la alcaldía no existirá chabolismo si no hay inmigración de población marginal.

■ **boulevard (n.m.)**
bulevar (n.m.)
En Madrid, la Gran Vía es el equivalente de los grandes bulevares creados en Paris por el barón Haussman.

■ **capitale (n.f.)**
capital (n.f.)
Capital de España, Madrid es continental y mediterránea.

■ **centre (n.m.) de la ville (ou centre-ville)**
centro (n.m.) de la ciudad (o centro urbano)
¿Se va por aquí al centro urbano?

■ **chef-lieu (n.m.) (d'un département ou d'une province)**
capital (n.f.)

Ávila es la capital de provincia más alta de España.

cimetière (n.m.)
cementerio (n.m.)
En el cementerio de San Fernando (Sevilla), que es en realidad un jardín lleno de flores, se puede admirar el mausoleo del famoso torero Joselito, obra del escultor Benlliure.

■ **citadin (-e) (adj., ou n.m. ou f.)**
ciudadano (-a) (adj. ou n.m. ou f.)
La expansión ciudadana.

■ **cité (n.f.)**
ciudad (n.f.)

cité-dortoir (pl.: cités-dortoirs)
ciudad dormitorio (pl.: ciudades dormitorio)
En el cinturón industrial de Madrid, se levantan ciudades dormitorio próximas a la capital.

cité universitaire
ciudad universitaria
Alfonso XIII inició la realización de la sorprendente ciudad universitaria de Madrid.

coin (n.m.) (de la rue)
esquina (n.f.)
A la vuelta de la esquina.

cours (n.m.) (promenade, n.f.)
paseo (n.m.)
En Sevilla, la alameda (allée bordée d'arbres) de Hércules fue en su tiempo el más espacioso y elegante paseo de toda Europa.

éclairage (n.m.) public
alumbrado (n.m.) público
Los faroles (reverbères) de la Plaza Real de Barcelona y las farolas (lampadaires) de la Puerta del Sol (Madrid) son una forma de alumbrado público muy decorativa.

édifice (n.m.)
edificio (n.m.)
Estos notables edificios resumen la historia de la ciudad.

■ **endroit (n.m.) (ou lieu, n.m.)**
lugar (n.m.)

endroit (ou lieu) fréquenté, passant
lugar concurrido

■ **ensemble (n.m.) immobilier**
urbanización (n.f.) (lotissement pavillonnaire) o conjunto (n.m.) urbanístico (grand ensemble immobilier)
Para solucionar el grave problema de la vivienda van proliferando las urbanizaciones y conjuntos urbanísticos.

■ **environnement (n.m.)**
entorno (n.m.)
Los municipios de Castilla y León se interesan por el respeto y la conservación de elementos del entorno urbano.

■ **environs (n.m.pl.)**
alrededores (n.m.pl.) o cercanías (n.f.pl.)
Se puede hacer en las cercanías de Toledo un largo y sinuoso viaje a la historia y el arte.

espace (n.m.) (ou zone, n.f.) vert (-e)
espacio (n.m.) (ou zona, n.f.) verde
Madrid goza de grandes extensiones de zones verdes.

étage (n.m.)
planta (n.f.)
Rodeada de edificios porticados de tres plantas y balcones de madera, la plaza de Chinchón se convierte en verano en plaza de toros.

■ **extension (n.f.)**
ensanche (n.m.)

El ensanche de Barcelona se ha desarrollado desde el siglo XIX según un plano regular en forma de damero, a través de amplias avenidas radiales.

■ **façade (n.f.)**
fachada (n.f.)
La fachada de esta casa señorial ostenta el escudo (armoiries) familiar.

■ **faubourg (n.m.)**
arrabal (n.m.) o suburbio (n.m.)
En las barriadas (quartiers dans les faubourgs) rurales de los arrabales, las condiciones sanitarias son a menudo muy precarias.

■ **flâner (v.intr.) (dans les rues)**
callejear (v.intr.)
La mejor forma de conocer la auténtica Granada es callejeando por los alrededores del rio Darro.

fontaine (n.f.)
fuente (n.f.)
El patio de esta mansión (demeure) sevillana exornado de helechos (fougères) y una fuente culminada por un busto de mármol, es ideal para refrescarse.

ghetto (n.m.)
ghetto (n.f.) o gueto (n.m.)
Siguen creciendo los ghettos urbanos.

graffiti (n.m.pl.)
pintada (n.f.)
Las calles de los peores barrios de la ciudad están llenas de pintadas.

gratte-ciel (n.m.)
rascacielos (n.m.pl.)
Dos rascacielos dominan la plaza de España, muy frecuentada por los turistas que vienen a admirar el monumento madrileño a Cervantes.

habitant (n.m.)
habitante (n.m.) o vecino (n.m.)
Una vez construidas las viviendas (habitations), los vecinos se asentaron en la zona.

■ **habitation (n.f.)**
vivienda (n.f.)

habitation (ou maison) individuelle
vivienda unifamiliar

habitation à loyer modéré (H.L.M.)
vivienda económica o de protección oficial

immeuble (n.m.)
inmueble (n.m.)

impasse (n.f.) (ruelle sans issue)
callejón (n.m.) sin salida

jardin (n.m.)
jardín (n.m.)
Desde una colina, el jardín botánico de Blanes (Gerona) domina los puertos pesquero y deportivo.

■ **localité (n.f.)**
localidad (n.f.), lugar (n.m.), población (n.f.) o poblado (n.m.)
La población se esconde detrás de sus murallas extraordinariamente conservadas.

■ **mairie (n.f.) ou hôtel de ville (n.m.)**
ayuntamiento (n.m.) o alcaldía (n.f.)
La fachada del Ayuntamiento de Sevilla es una espléndida muestra (modèle) renacentista (de la renaissance).

■ **maison (n.f.)**
casa (n.f.)
De noche, el espectáculo de las casa colgadas (suspendues) iluminadas de Cuenca resulta mágico.

métropole (n.f.)
metrópoli (n.f.)
Madrid se ha convertido en una moderna metrópoli europea.

montée (n.f.) (rue en déclivité)
cuesta (n.f.)
En Toledo, la cuesta San Justo conduce a un aparcamiento de posibilidades limitadas donde se puede probar suerte.

montée raide
cuesta empinada

subida (n.f.)
Subida al castillo.

■ **parc (n.m.)**
parque (n.m.)
El parque María Luisa (Sevilla) fue elegido para instalar en él la Exposición Iberoamericana.

passage (n.m.) (formant raccourci)
pasadizo (n.m.)
Un pasadizo es una calle estrecha que sirve para ir atajando camino.

passage voûté
pasadizo abovedado

passage (n.m.) (parfois couvert)
pasaje (n.m.) (a veces cubierto)
Los pasajes, pasos públicos entre dos calles, son numerosos en el corazón de la ciudad antigua.

pâté (n.m.) de maisons
manzana (n.f.)
Ocupada durante siglos por los musulmanes, Toledo conserva manzanas cerradas.

■ **patio (n.m.)**
patio (n.m.)
Este callejón (ruelle) cordobés conserva hermosas casas con floridos patios.

piéton (-onne) ou piétonnier (-ère) (adj.)
peatonal (adj.)
Con la finalidad de preservar el casco histórico y humanizar la ciudad, hoy la totalidad de sus calles y plazas son exclusivamente peatonales.

transformation en espace piéton ou semi-piétonnier
peatonalización (n.f.) o semi-peatonalización (n.f.)

transformer en zone piétonne (rendre piétonnier)
peatonalizar (v.tr.)
Oviedo acaba de convertirse probablemente en la ciudad más peatonalizada de España.

■ **place (n.f.)**
plaza (n.f.)
La plaza mayor (grand place) de Salamanca está considerada como la más bella de todas las plazas de estilo barroco de España.

■ **quartier (n.m.)**
barrio (n.m.)
Comenzamos la visita a la ciudad por el casco antiguo (la vieille ville), deambulando a través de sus barrios de calles estrechas, tortuosas y empinadas (en pente).

le quartier juif (à Cordoue ou Séville)
el barrio judío o la judería (en Córdoba o Sevilla)

quartier central
barrio céntrico

quartier chaud
Barrio Chino

les bas quartiers, quartiers populaires
los barrios bajos

quartier résidentiel
barrio residencial

nouveau quartier
barrio nuevo
Los barrios nuevos constituyen la zona de ensanche (d'expansion) de la ciudad.

les vieux quartiers
el casco antiguo

quartier (dans les faubourgs)
barriada (n.f.)

■ **rue (n.f.)**
calle (n.f.)
La calle más comercial (commerçante) de la ciudad es sin duda alguna la calle peatonal.

ruelle (n.f.)
callejuela (n.f.), calleja (n.f.), callejón (n.m.)
A menudo el casco antiguo de las ciudades es un verdadero laberinto de callejuelas enlosadas (dallées).

■ **trottoir (n.m.)**
acera (n.f.)
A medida que avanza la noche desaparecen los peatones; las aceras quedan desiertas.

urbanisme (n.m.)
urbanismo (n.m.)
El urbanismo decimonónico (du XIXe s.) se caracteriza por los planes de ensanche (projets d'extension) como en Madrid y Barcelona, bajo la forma de damero descongestionado a través de amplias avenidas radiales.

■ **ville (n.f.)**
ciudad (n.f.)
Valencia, tercera ciudad española por su población (population), conserva un marcado carácter medieval en torno a la catedral.

■ **zone (n.f.) piétonne (ou piétonnière).**
zona (n.f.) peatonal
La creación de una zona peatonal beneficia de gran aceptación por parte de los habitantes.

B

MER ET PLAGE
Mar y playa

bâche (n.f.) (qui se tire pour donner de l'ombre)
toldo (n.m.) (que se extiende para dar sombra)
Bajo los toldos o a la sombra de las casetas, los bañistas se reparten la playa arenosa.

■ **baie (n.f.)**
bahía (n.f.)
Benidorm es un antiguo pueblo de pescadores situado en un promontorio sobre el mar que separa las dos hermosas playas de su gran bahía.

baigner (se) (v.pr.)
bañarse (v.pr.)
El público acude a bañarse en la zona de la arena para el uso gratuito de los bañistas.

baigneur (-euse) (n.m. ou f.)
bañista (n.m o f.)
La Caleta (Cádiz) es una playa ante todo familiar donde los bañistas ya se conocen de un año para otro.

■ **bain (n.m.) (de mer ou de soleil)**
baño (n.m.) (de mar o de sol)
No hay nada más revitalizante que un baño de mar.

bar (n.m.) de plage ("paillote", n.m.)
chiringuito (n.m.)
En la playa posterior, que es el enlace con el prelitoral, tienen lugar algunas de las actividades ligadas al turismo: bares, chiringuitos, casetas y paseos marítimos.

bord (n.m.)
orilla (n.f.)
A orillas del mar.

bouée (n.f.) (pour la baignade)
flotador (n.m.) (para el baño)
Los flotadores son indispensables para que el niño sepa desenvolverse con soltura en el agua.

bronzage (n.m.)
bronceado (n.m.)
El bronceado más bonito no es apto para perezosos. Hay que olvidarse de las tumbonas y bañarse, caminar y jugar en la playa.

■ **bronzer (v.intr.)**
broncear (v.intr.) o ponerse moreno (v.pr.)
Nuestras abuelas no estaban dispuestas a ponerse morenas.

■ **cap (n.m.)**
cabo (n.m.)
La costa vasca es una mezcla de cabos y golfos alternando con playas.

club (n.m.) nautique
club (n.m.) náutico
El club náutico quiere que todos los socios disfruten al máximo de sus instalaciones.

coquillage (n.m.)
concha (n.f.)
Los niños se divierten recogiendo conchas en la playa.

■ **côte (n.f.)**
costa (n.f.)
El 51% del litoral español son costas altas o acantiladas.

courant (n.m.)
corriente (n.f.)
Dejarse llevar por las corrientes.

■ **crique (n.f.) ou calanque (n.f.)**
cala (n.f.) o ensenada (n.f.)
Con la proximidad de la sierra al mar, se restringen o desaparecen los arenales (étendues de sables) para dar paso a una costa más rocosa y acantilada con pequeñas calas.

détroit (n.m.)
estrecho (n.m.)
El milano negro y la cigüeña (cigogne) blanca permanecen en las sierras del sur de Cádiz, esperando el momento adecuado para atravesar el estrecho de Gibraltar.

dune (n.f.)
duna (n.f.)
Las playas arenosas están respaldadas por dunas o por acumulaciones de arena de origen eólico.

■ **falaise (n.f.)**
acantilado (n.m.)
Las olas socavan (creusent) la base del acantilado.

■ **golfe (n.m.)**
golfo (n.m.)
El golfo de Cádiz es especialmente rico en recursos pesqueros.

■ **île (n.f.)**
isla (n.f.)
La isla de la Toja (Galicia), que tiene fuente medicinal, es, por sus pinares, paisajes y paz, un lugar ideal de descanso.

■ **littoral (n.m.)**
litoral (n.m.)
El 40% del litoral español está urbanizado.

maillot (n.m.) de bain (ou costume, n.m.)
traje (n.m.) de baño o bañador (n.m.)
Es conveniente tener un bañador de recambio.

marée (n.f.)
marea (n.f.)
Las mareas producen ascensos y descensos del agua del mar, con lo cual la línea de costa sufre cambios alternativos de posición correspondiendo con los niveles de pleamar (marée haute) o bajamar (marée basse).

marina (n.f.)
marina (n.f.)
Marina del Este es un lujoso conjunto residencial situado en uno de los rincones más bellos de la Costa Tropical de Granada.

matelas (n.m.) (de plage)
colchoneta (n.f.)
Cuando llega el otoño desaparecen los turistas y las playas quedan despobladas, sin toldos, sombrillas ni colchonetas.

motonautisme (n.m.)
náutica (n.f.) a motor
La náutica a motor ofrece muchas posibilidades de pasar unas buenas vacaciones en la mar, practicando la pesca, el esquí acuático o el "dolce far niente" en cualquier fondeadero recóndito alejado de las aglomeraciones de la playa.

■ **nager (v.intr.)**
nadar (v.intr.)
Un niño que juega cerca del agua debería llevar un flotador hasta que sepa nadar con confianza.

nudisme (n.m.)
desnudismo (n.m.) o nudismo (n.m.)
La Costa Brava es una de las zonas preferidas por el nudismo nacional.

parasol (n.m.)
sombrilla (n.f.) o quitasol (n.m.)
Para resguardarse del calor la sombrilla supera en mucho al sombrero de paja (chapeau de paille).

■ **pêche (n.f.)**
pesca (n.f.)
La variedad de fondos proporciona una amplia gama de posibilidades de pesca: pesca con caña (à la ligne) o pesca submarina (sous-marine).

pédalo (n.m.)
hidropedal (n.m.), o patín (n.m.) acuático
Se alquilan hidropedales por hora o media hora.

phare (n.m.)
faro (n.m.)
El panorama desde el faro del cabo Finisterre encaramado en lo alto de un acantilado es impresionante.

■ **plage (n.f.)**
playa (n.f.)
Los turnos de limpieza en las playas más concurridas son diarios: se empiezan a limpiar al alba y según la ley de costas, deben estar limpias a las once en punto.

plage (relatif à la)
playero (-a) (adj.)
Toallón (serviette) de playa, bañador de recambio, gorro (bonnet), crema de protección solar, espejo (miroir) y peine son la base del atuendo playero (tenue de plage).

planche (n.f.) à voile ou de surf
tabla (n.f.) a vela o de surf
Algunos windsurfistas se aventuran a cruzar en su tabla los 14 kilómetros que separan Tarifa de Africa.

■ **plongée (n.f.), faire de la plongée (v.tr.)**
buceo (n.m.), bucear (v.intr.)
La botella de oxígeno, el tubo respiratorio, las aletas y la máscara son indispensables para la práctica del buceo
submarinismo (n.m.)
El submarinismo que se dedica a la exploración subacuática se practica con oxígeno (avec bouteilles).

plongeon (n.m.)
zambullida (n.f.)
Hay que evitar las continuas zambullidas y salidas del agua por ser muy perjudiciales los contrastes de temperatura.

■ **port (n.m.) de pêche**
puerto (n.m.) pesquero

Bermeo (Costa Vasca) es el principal puerto pesquero del Cantábrico en bajura (pêche côtière).

■ **port (n.m.) de plaisance**
puerto (n.m.) deportivo o recreativo, o puerto (n.m.) de recreo
Gracias a su puerto de recreo, la ciudad se ha convertido en núcleo turístico.

■ **promenade (n.f.) du bord de mer (avenue du front de mer)**
paseo (n.m.) marítimo
Es necesario dar al paseo marítimo (elemento de contención de la expansión urbana hacia el dominio público) carácter peatonal y adaptarlo a las características topográficas y al entorno paisajístico.

régate (n.f.)
regata (n.f.)
En esta regata podrán participar todos los yates de cruceros de las clases I a VII.

■ **ria (n.f.) (aber, n.m.: en Bretagne, ou fjord n.m.: en Norvège)**
ría (n.f.)
Las rías gallegas (de Galice) que han sido formadas por hundimientos de bloques y por la transgresión marina, ofrecen un litoral recortado (découpé).

■ **sable (n.m.)**
arena (n.f.)
La utilización y la explotación de las playas, si no se efectúan con sujección a planes y normas específicas, generan impactos negativos que afectan a la calidad del agua, la arena y el entorno visual.

■ **station (n.f.) balnéaire (de bord de mer)**
estación (n.f.) balnearia o balneario (n.m.)
La estación balnearia residencial en una resguardada ensenada tiene urbanizaciones de lujo.

ski (n.m.) nautique
esquí (n.m.) acuático o náutico
Me gusta practicar el esquí acuático en las aguas templadas del mediterráneo.

vague (n.f.)
ola (n.f.)
El agua y las olas estimulan la circulación y las funciones respiratorias.

yacht (n.m.)
yate (n.m.)
Muchos navegantes utilizan las calas y ensenadas del archipiélago balear como zona de fondeo para sus yates.

C

LA CAMPAGNE ET LA MONTAGNE
El campo y la sierra

alpinisme (n.m.)
alpinismo (n.m.) o montañismo (n.m.)
Con la masificación turística, en las zonas de montaña el montañismo puede tener efectos devastadores sobre el medio natural.

■ **alpiniste (n.m. ou f.)**
alpinista (n.m. o f.) o montañista (n.m. o f.)
Una densa red de caminos forestales permite a los montañistas ascender a los alrededores de la cumbre.

■ **altitude (n.f.)**
altitud (n.f.), o altura (n.f.)
Los altos picos de Francia, Suiza e Italia se ven sobrepasados por los 4.807 metros de altura del Mont-Blanc.

ascension (n.f.)
ascenso (n.m.) o ascensión (n.f.)
Un funicular construido a 2.356 m. de altitud permite la ascensión al pico del Teide (Canarias).

■ **campagne (n.f.)**
campo (n.m.)
En primavera y verano, el campo se viste de mil verdes diferentes.

■ **chaîne (n.f.) (de montagnes ou montagneuse)**
cadena (n.f.) (de montañas o montañosa) o sierra (n.f.)
La cadena tiene posibilidades de escalada y de excursiones a pie, así como de pesca.

chalet (n.m.)
chalet (n.m.)
Desde mi chalet se ve toda la sierra y, ciertos días, el mar.

chemin (n.m.) forestier
pista (n.f.) forestal
Se puede dar la vuelta completa al macizo en todo terreno por pistas forestales.

■ **col (n.m.)**
puerto (n.m.), collado (n.m.) o paso (n.m.)
Bajando por el puerto del Pico, se entra en el valle del río Tormes (Âvila).

■ **contrée (n.f.)**
comarca (n.f.)
Dotada de un centro de iniciación al turismo rural, la comarca permite practicar piragüismo (canoë-kayac), equitación y golf.

cordillère (n.f.)
cordillera (n.f.)
Desde la frontera francesa hacia el oeste corre la cordillera cantábrica paralela al mar, llegando sus estribaciones (contreforts) hasta la misma costa.

■ **descente (n.f.)**
descenso (n.m.) o bajada (n.f.)
La estación más concurrida de los Alpes franceses ofrece unas condiciones ideales para practicar el descenso.

école (n.f.) de ski
escuela (n.f.) de esquí
La escuela de esquí ofrece durante el período navideño (de Noël) clases (cours) y cursillos (stages) con pase de 6 días a precios muy ventajosos.

équipement (n.m.) pour la montagne
equipo (n.m.) de montaña
Los que hacen deporte de nieve o de montaña necesitan un equipo que va del mono (combinaison) de esquí, gorro (bonnet), orejeras (protège-oreilles), anorak de plumas y guantes, a las botas de escalada en hielo, macuto (sac) de montaña, piolet, mosquetones (mousquetons) y clavijas (pitons).

ferme (n.f.)
granja (n.f.)
Según las Comunidades autónomas, las granjas que son un reflejo de la vida del campesino (paysan), se llaman alquería (Valencia), caserío (País Vasco), cortijo (Andalucía) y masía (Cataluña).

■ **forêt (n.f.)**
bosque (n.m.)
España cuenta con bosques de tipo europeo (pinos, castaños, hayas, robles) y de tipo africano (palmares).

■ **forfait (n.m.)**
abono (n.m.), forfait (n.m.) o pase (n.m.)
El precio de una semana en la estación de esquí incluye alojamiento, viaje en autocar y abono para utilizar los remontes.

glacier (n.m.)
glaciar (n.m.), helero (n.m.)
Del macizo (massif) del Parque nacional de Nevado de Huascarán descienden treinta glaciares.

■ **guide (n.m.) de montagne**
guía (n.m.) de montaña
Los guías de montaña son muy a menudo montañeros.

mont (n.m.)
monte (n.m.)
San Sebastián está situada entre el monte Igueldo y el monte Urgull al pie del cual se acurruca la ciudad vieja.

■ **montagne (n.f.)**
montaña (n.f.)
La estación que permite disfrutar del verano en alta montaña recibe a esquiadores que se desplazan hasta los glaciares próximos.

■ **monter (v.tr. ou intr.)**
ascender (v.tr.o intr.) o subir (v.tr.o intr.)
La estación está repleta de esquiadores que ascienden hasta las pistas del glaciar.

■ **nature (n.f.)**
naturaleza (n.f.)
Algunos ecologistas (écologistes) sueñan con hacer de la naturaleza un museo.

■ **parc (n.m.) national et parc naturel**
parque (n.m.) nacional y parque natural
Los parques nacionales distribuidos por toda España, permiten preservar la vida de ciertas especies de flora y fauna.

patinoire (n.f.)
pista (n.f.) de patinaje
La estación ofrece programas de "apresquí" con pistas de patinaje sobre hielo y piscinas de agua caliente al aire libre.

■ **paysage (n.m.)**
paisaje (n.m.)
Por su situación entre Europa y África, España ofrece una gran variedad de paisajes .

piste (n.f.)
pista (n.f.)
La estación ha suprimido el tráfico rodado y ha situado sus hoteles a pie de pista con la intención de que los clientes saliesen de los establecimientos con los esquíes puestos.

plein air (n.m.) (en)
aire (n.m.) libre (al)

■ **randonnée (n.f.)**
senderismo (n.m.)
El senderismo que consiste en descubrir una comarca a pie es una fórmula que empieza a extenderse entre los españoles.

■ **remontées (n.f.pl.) mécaniques**
remontes (n.m.pl.) mecánicos
Los esquiadores se dirigen con los esquíes puestos a los remontes mecánicos que llevan hasta los 3.650 metros del glaciar.

sentier (n.m.)
sendero (n.m.)
Los senderos del parque natural permiten contemplar la flora y la fauna alpinas.

sommet (n.m.)
cumbre (n.f.)
Las elevadas cumbres de la Sierra de Gredos alcanzan su máxima altitud en el Pico Almanzor.

■ **sports (n.m.pl.) d'hiver**
deportes (n.m.pl.) de invierno
La primera cita con los deportes de invierno es el puente de la Inmaculada (el 8 de diciembre) cuando se abren oficialmente la mayoría de las estaciones.

■ **ski (n.m.)**
esquí (n.m.)
Resulta peligroso practicar el esquí fuera de pista (hors piste).

■ **skier (v.intr.) (faire du ski)**
esquiar (v.intr.)

La moda de esquiar durante el estío comenzó a difundirse en Austria durante la década de los años setenta.

skieur (-euse) (n.m. ou f.)
esquiador (-a) (n.m. o f.)
El abono de remontes de seis días permite a los esquiadores utilizar a su antojo la telecabina, el teleférico y los telesillas y telesquíes.

■ **station (n.f.) d'hiver ou de ski**
estación (n.f.)invernal o de esquí
Algunas de las estaciones invernales del Tirol pueden mantener sus pistas abiertas durante todo el año a partir de los 3.000 metros de altura.

■ **tourisme (n.m.) rural ou vert**
turismo (n.m.) rural o verde o agroturismo (n.m.)
El turismo rural se configura como un elemento renovador y cualitativo en el panorama de la industria de los viajes.

trekking (n.m.)
trekking (n.m.)
Compañías de trekking permiten descubrir Asturias siguiendo itinerarios durante varios días andando.

vallée (n.f.)
valle (n.m.)
En los macizos más elevados de los Pirineos, se encuentra el Valle de Arán que conserva un dialecto propio y unas costumbres (coutumes) ancestrales.

■ **village (n.m.)**
pueblo (n.m.)
La ruta de los pueblos blancos cuyo punto de partida puede ser Ronda recorre los conjuntos urbanos de casas blanqueadas y balcones con flores, situados en las laderas de las sierras de Cádiz y Málaga.

D

LE THERMALISME
El termalismo

■ **affection (n.f.) (maladie, n.f.)**
afección (n.f.)
En este instituto de talasoterapia se tratan las afecciones reumáticas, las secuelas postraumáticas y los problemas derivados del estrés.

algothérapie (n.f.)
algoterapia (n.f.)
Los efectos de la hidroterapia sobre el organismo son ampliamente aumentados por la algoterapia.

■ **bain (n.m.)**
baño (n.m.)
Abiertos durante todo el año, los baños de Archena (Murcia) siguen curando el reuma (o reúma), el mal de nervios, las dificultades respiratorias, las pieles enfermas y la obesidad.

balnéothérapie (n.f.), balnéation (n.f.)
balneoterapia (n.f.)
El servicio de balneoterapia abarca todos los baños, desde los baños de burbujas (bains bouillonnants), de barro (de boue), de algas (d'algues), de plantas medicinales, de vapor o turco hasta los baños envoltorios (enveloppants).

■ **centre (n.m.) thermal**
centro (n.m.) termal
El centro termal ofrece una cura para cada dolencia (maladie).

■ **cure (n.f.) thermale**
cura (n.f.) de aguas
Este prestigioso centro termal está destinado no solamente a la cura de aguas estricta sino también a ofrecer días de descanso a sus huéspedes.

■ **curiste (n.m. ou f.)**
agüista (n.m. o f.), bañista (n.m. o f.), curista (n.m. o f.)
En una zona de fracturas y plegamiento que dan lugar al afloramiento de aguas termales, Caldes de Montbui (Cataluña) es visitada por miles de bañistas de toda España cada temporada.

eaux (n.f.pl.) thermales
aguas (n.f.pl.) termales
Se utilizan las aguas termales como terapia frente a todo tipo de dolencias.

■ **établissement (n.m.) thermal ou de bains**
establecimiento (n.m.) termal o de baños o balneario (n.m.)
Este establecimiento termal es un paraíso saludable donde uno se repone de las agresiones constantes para el organismo de la vida moderna, por medios naturales.

hydrothérapie (n.f.)
hidroterapia (n.f.)
La hidroterapia es un método curativo que se fundamenta en la acción benefactora del agua en forma de duchas (douches), chorros (jets), baños, hidromasajes, saunas e inhalaciones.

massage (n.m.)
masaje (n.m.)
En un balneario moderno, es posible encontrar tratamientos como la ducha masaje (sistema Vittel).

obésité (n.f.)
obesidad (n.f.)
En este gran hotel balneario se trata la obesidad con procedimientos naturales: ayuno (jeûne) controlado, cura de frutas, dietas (régimes) de alto contenido fibroso.

■ **piscine (n.f.) thermale**
piscina (n.f.) termal
La temperatura del agua de la piscina termal cubierta es elevada.

■ **rééducation (n.f.)**
reeducación (n.f.)
El instituto posee una sala de reeducación funcional equipada de los más modernos aparatos de mecanoterapia.

■ **remise (n.f.) en forme**
rehabilitación (n.f.) o fitness (n.m.)
Los tratamientos de rehabilitación pertinentes para cada caso personal comienzan a las ocho de la mañana con una hora y media de paseo por la playa o la montaña.

■ **relaxation (n.f.)**
relajación (n.f.), relajamiento (n.m.)
La tranquilidad del balneario rodeado de bosques y prados permite el descanso (repos) y relajamiento de sus huéspedes.

sauna (n.m.)
sauna (n.f.)
La sauna finlandesa.

■ **source (n.f.)**
manantial (n.m.) o fuente (n.f.)
Los manantiales de Lanjarón (Granada), indicados para el tratamiento de afecciones del aparato digestivo, proporcionan también agua de mesa.

■ **station (n.f.) thermale**
estación (n.f.) termal o balnearia, o balneario (n.m.)
Las aguas de la estación balnearia situada en plenos Pirineos manan de 37 fuentes de las más variadas composiciones y temperaturas.

stressé (-e) (adj.)
estresado(-a) (adj.)
La mayor parte de nuestros clientes procedentes de Barcelona, Madrid o Francia pertenecen a la clase media alta: gente de negocios, de profesiones liberales, comerciantes e industriales estresados.

■ **thalassothérapie (n.f.)**
talasoterapia (n.f.)
Los tratamientos de talasoterapia tienden a asociar las ventajas del agua de mar con las del clima marino y los derivados marinos tales como las algas y el sol.

■ **thermalisme (n.m.)**
termalismo (n.m.)
Mediante curas termales periódicas, el termalismo permite recuperar la salud.

thermes (n.m.pl.)
termas (n.f.pl.)
Fue en época romana cuando las termas de Caldes de Malavella (Cataluña) adquirieron una prosperidad considerable.

2

CONDITIONS CLIMATIQUES
Condiciones climáticas

adoucir (v.tr.)
suavizar (v.tr.)
La aridez que caracteriza la Meseta (Castilla-León, Castilla-La Mancha, Extremadura y Madrid) sólo se suaviza hacia el oeste, por donde llega del océano una precaria humedad.

■ **amélioration (n.f.)**
mejoría (n.f.)
No se preve una mejoría para mañana: estará nuboso con una borrasca fuerte en el noreste de Cataluña.

anticyclone (n.m.)
anticiclón (n.m.)
El anticiclón de las Azores está situado al oeste de la Península y bloquea el paso del Frente Polar que circula más hacia el norte.

■ **atmosphère (n.f.)**
atmósfera (n.f.)
La atmósfera estará algo inestable en el sur de la península.

ambiente (n.m.)
En la capital actualmente el ambiente es sofocante.

■ **automne (n.m.)**
otoño (n.m.)
En otoño se respira en Castilla un ambiente sereno y plácido.

averse (n.f.)
chaparrón (n.m.), chubasco (n.m.), aguacero (n.m.)
En las zonas próximas a las costas suelen desencadenarse violentos aguaceros tormentosos de gran intensidad.

■ **brouillard (n.m.)**
niebla (n.f.), o neblina (n.f.)
Se formarán nieblas algo persistentes en los Pirineos.

bruine (n.f.), crachin (n.m.)
llovizna (n.f.)
La lluvia cae en forma de llovizna lo que hace que el país se mantenga en un ambiente de humedad constante.

brume (n.f.)
bruma (n.f.), calima (n.f.) o calina (n.f.)
En verano, se observa como fenómeno típico de la denominada calina, una especie de vaho (vapeur) tenue que hace imposible ver a distancia.

■ **bulletin (n.m.) météorologique**
parte (n.m.) meteorológico
Según el parte meteorológico, mañana tendremos un ligero descenso de las temperaturas.

■ **chaleur (n.f.)**
calor (n.m.)
El aire tropical de las masas saharianas afecta en verano el sur de la península introduciendo las olas de calor con las máximas temperaturas estivales.
Hace frío por la mañana y hace calor al mediodía.

chaud (-e) (adj.)
cálido (-a) (adj.) o caluroso (-a) (adj.)
Un clima cálido.

■ **ciel (n.m.)**
cielo (n.m.)
Predominarán los cielos casi despejados (dégagés) por la mañana.

■ **climat (n.m.)**
clima (n.m.)
La región goza de un clima que permite crecer a todo tipo de frutales.

cyclone (n.m.)
ciclón (n.m.)
Los ciclones que alcanzan a la península de Yucatán (México) son devastadores.

■ **degré (n.m.) Celsius**
grado (n.m.) Celsius
Las máximas en julio y agosto rondan los 30°C.

douceur (n.f.)
suavidad (n.f.)
La suavidad de los inviernos en la costa mediterránea andaluza permite el cultivo de la caña de azúcar y aguacates.

■ **ensoleillement (n.m.)**
soleamiento (n.m.)
Andalucía presume de tener el mayor soleamiento de España.

■ **été (n.m.)**
verano (n.m.)
En las costas cantábrica y atlántica dominan los veranos frescos.

■ **froid (n.m.)**
frío (n.m.)
En Castilla se pasa violentamente del calor al frío en cuanto el sol la abandona.

■ **froid (-e) (adj.)**
frío (-a) (adj.)
Los anticiclones polares oceánicos son masas frías e inestables.

geler (v.tr.)
helar (v.tr.)
Hace un frío que hiela las palabras.

glacial(-e) (adj.)
glacial (adj.)
Los inviernos en Castilla pueden ser glaciales.

■ **hiver (n.m.)**
invierno (n.m.)
La influencia dulcificadora del océano en invierno explica la moderación de las temperaturas.

humidité (n.f.)
humedad (n.f.)
A partir de marzo hasta noviembre la humedad puede llegar a límites insoportables en Thailandia (o Tailandia).

■ **intempéries (n.f.pl.)**
inclemencias (n.f.pl.)
Las inclemencias han provocado inundaciones.

levant (n.m.) (l'orient, n.m., l'est, n.m.)
levante (n.m.)
En la bahía de Cádiz, el viento que sopla (souffle) alternativamente de poniente y levante ha permitido en las últimas temporadas la organización de los campeonatos de España y del mundo de funboard.

■ **neige (n.f.)**
nieve (n.f.)
Segovia, Salamanca y Soria tienen fama de inviernos rigurosos y la nieve en ocasiones hace acto de presencia.

neiger (v.imp.)
nevar (v.imp.)
Está nevando: ¡cómo se alegran los chicos al ver caer los primeros copos (flocons) blancos!.

■ **nuage (n.m.)**
nube (n.f.)
Los rayos ultravioletas traspasan las nubes: un cielo cubierto no es una protección.

nuageux (-euse) (adj.)
nuboso (-a) (adj), nublado (-a) (adj), nubloso (-a) (adj)
Se preve un cielo poco nuboso con algunos intervalos de nubes medias y altas.

■ **ombre (n.f.)**
sombra (n.f.)
En la plaza de toros, las localidades a la sombra son las más caras.

■ **orage (n.m.)**
borrasca (n.f.) o tormenta (n.f.)
En la montaña las tormentas eléctricas son frecuentes en verano. Hay que mantenerse alejado de las rocas aisladas y de los árboles altos.

parapluie (n.m.)
paraguas (n.m. inv.)
En Londres el paraguas es imprescindible.

■ **pleuvoir (v.imp.)**
llover (v.imp.)
Está lloviendo a cántaros (o: a jarros) (à verse).

■ **pluie (n.f.)**
lluvia (n.f.)
En México, el verano es una época de fuertes y abundantes lluvias.

précipitation (n.f.)
precipitación (n.f.)
Existe una posibilidad de algunas precipitaciones en el área del Estrecho de Gibraltar.

pression (n.f.) atmosphérique
presión (n.f.) atmosférica
Continúan las altas presiones afectando a casi todo el país.

■ **printemps (n.m.)**
primavera (n.f.)
Lo mejor para el conjunto de la península ibérica es la primavera o el otoño.

■ **saison (n.f.)**
estación (n.f.)
La estación de las lluvias.

sécheresse (n.f.)
sequedad (n.f.) (calidad de seco) o sequía (n.f.) (temporada seca)
La sequía afecta de forma alarmante a algunos parques nacionales.

■ **soleil (n.m.)**
sol (n.m.)
Al mediodía es cuando los rayos del sol están más perpendiculares y sus efectos son más nocivos.

■ **température (n.f.)**
temperatura (n.f.)
No hay grandes oscilaciones, más bien temperaturas suaves y agradables durante todo el año.

tempéré (-e) (adj.)
templado (-a) (adj.)
Un clima templado.

tempête (n.f.)
tempestad (n.f.)
A causa de la tempestad el crucero no pudo fondear en Capri.
tormenta (n.f.)
El frente de los alisios (alisés) produce tormentas durante el verano en Andalucía.

■ **temps (n.m.)**
tiempo (n.m.)
Alternan buenos tiempos con los inestables.

temps (n.m.) (mauvais temps)
temporal (n.m.)
El temporal se caracteriza por lluvias persistentes.

tonnerre (n.m.)
trueno (n.m.)
El fragor del trueno y los relámpagos (éclairs) ahuyentaron a los bañistas desprevenidos (pris au dépourvu).

■ **vent (n.m.)**
viento (n.m.)
Los vientos de componente sur se mantendrán en calma con sólo algunas brisas por la tarde.

verglas (n.m.)
hielo (n.m.)
Conducir por caminos cubiertos de hielo resulta muy peligroso.

3
LOISIRS
Ocio

A

PATRIMOINE CULTUREL
Patrimonio cultural

abbaye (n.f.)
abadía (n.f.)
Una antigua abadía benedictina

■ **abside (n.f.)**
ábside (n.m. o f.) o ábsida (n.f)
El ábside es un espacio semicircular o poligonal que aparece en la cabecera de las iglesias.

■ **alcazar (n.m.)**
alcázar (n.m.)
Frente a la mezquita (mosquée) se elevaba un alcázar árabe rodeado de magníficos jardines.

amphithéatre (n.m.)
anfiteatro (n.m.)
Mérida es un hermoso conjunto monumental de la época romana del que destacan el templo de Diana, el arco de Trajano, el teatro y el anfiteatro.

■ **antiquité (n.f.)**
antigüedad (n.f.)

depuis la plus haute antiquité
desde la más remota antigüedad

■ **aquarelle (n.f.)**
acuarela (n.f.)

aqueduc (n.m.)
acueducto (n.m.)
El acueducto de Segovia es una de las obras romanas más importantes entre las obras de la ingeniería romana que se han conservado hasta nuestros días.

■ **arc (n.m.)**
arco (n.m.)
Soportales de arcos cercan la plaza.

arc brisé ou en ogive (gothique)
arco ojival o apuntado (gótico)

arc en plein cintre (roman)
arco de medio punto o redondo (románico)

arc (en plein cintre) outrepassé ou en fer à cheval (byzantin ou moresque)
arco de herradura (bizantino, morisco o árabigo)

arc polylobé
arco polilobulado

■ **arc-boutant (n.m.)**
arbotante (n.m.) o arco (n.m.) botarete (adj.)
El arbotante es el arco que contrarresta el empuje (poussée) de otro arco o bóveda.

■ **architectural (-e) (adj.), architectonique (adj.)**
arquitectónico (-a) (adj.)
Salamanca tiene un conjunto arquitectónico plateresco excepcional por la abundancia de obras de este estilo.

■ **architecture (n.f.)**
arquitectura (n.f.)
Una arquitectura interior adaptada a las exigencias de las modas, de acuerdo con las nuevas costumbres y necesidades, o acomodada a los caprichos del momento.

architecture locale (du pays)
arquitectura vernácula

argent (n.m.) (métal)
plata (n.f.)
Este majestuoso espejo (miroir) de plata perteneció a un virrey del Perú.

armoiries (n.f.pl.)
escudo (n.m.) de armas
El lema (devise) del escudo de la ciudad de Ávila es éste: "Ávila del Rey, de los Leales (féaux, fidèles) y de los Caballeros (chevaliers)"

■ **art (n.m.)**
arte (n.m. o f.: se usa generalmente como m. en el sing. y f. en el pl.)

■ **autel (n.m.)**
altar (n.m.)

maître-autel
altar mayor

avant-toit (n.m.) (pl. avant-toits)
alero (n.m.), tejadillo (n.m.) o tejaroz (n.m.)
En la iglesia de San Martin en Frómista, corazón del camino de Santiago, los aleros están rematados con canecillos de rica y variada decoración.

azulejo (n.m.) (carreau, n.m., de faïence décoré)
azulejo (n.m.) (placa, n.f., de cerámica decorada)
muchas salas del alcázar están decoradas con azulejos.

■ **balcon (n.m.)**
balcón (n.m.)
En el coso de Ronda (Málaga), destaca su puerta monumental de estilo neoclásico con un balcón forjado (o: de forja) (en fer forgé).

balcon d'angle
balcón esquinado

balcon fermé et vitré
mirador (n.m.), balcón acristalado

baroque (adj. ou n.m.)
barroco (n.m.), barroco (-a) (adj.)
Como lo demuestra el palacio del Marqués de Dos Aguas (en Valencia), el barroco es la desmesura, la profusión de adornos, en síntesis, lo contrario de lo clásico.

basilique (n.f.)
basílica (n.f.)
En la ciudad de León se ha de visitar la real basílica de San Isidoro, cuyo Panteón ha merecido el título de "capilla sixtina del arte románico"

bassin (n.m.) (pièce d'eau dans un jardin)
estanque (n.m.) (en un jardín)
El estanque del Retiro en Madrid.

bénitier (n.m.)
pila (n.f.) de agua bendita

bossage (n.m.)
almohadilla (n.f.)
La almohadilla que es la parte del sillar que sobresale de la pared puede ser a puntos de diamantes (à pointes de diamants), redondeado (arrondi), rústico (rustique) o vermiculado (vermiculé)

en bossage
almohadillado (-a) (adj.)
Un zócalo almohadillado.

bourse (n.f.) de commerce
lonja (n.f.) (autrefois : loge)
Uno de los monumentos más notable de Valencia es la lonja de la seda, joya del estilo gótico civil.
bolsa (n.f.) de comercio (bourse des marchandises ou des valeurs)

■ **brique (n.f.) (en argile cuite)**
ladrillo (n.m.) (de arcilla cocida)
Las fortalezas árabes eran de ladrillo visto (en briques apparentes).

■ **bronze (n.m.)**
bronce (n.m.)
Esta estatuilla de bronce representa a un dios guerrero.

■ **cabinet (n.m.) (secrétaire à tiroirs posé sur un piètement)**
bargueño (n.m.) o vargueño (n.m.)
El mueble español más característico es el bargueño, una especie de cofre, decorado al estilo de los que se construían en Bargas (provincia de Toledo), con asas laterales, una tapa delantera abatible y muchos cajoncitos (petits tiroirs).

■ **cadre (n.m.) (d'un tableau)**
marco (n.m.) (de un cuadro)

■ **calvaire (n.m.)**
calvario (n.m.)
crucero (n.m.)
Los cruceros, que abundan en Galicia, son cruces de piedra colocadas en la encrucijada de los caminos.
humilladero (n.m.)
En la entrada del pueblo, frecuentemente se levanta un humilladero.

■ **cathédrale (n.f.)**
catedral (n.f.), (en Aragón : seo, n.f.)
El elemento decorativo más importante de la catedral de León que se compone de tres naves (nefs) y crucero (croisée du transept) triple, son las vidrieras (vitraux).

■ **chapelle (n.f.)**
capilla (n.f.)
Cerrada a veces con rejas, la capilla mayor (la chapelle du maître-autel) contiene el altar mayor.

petite chapelle au dos du maître-autel
camarín (n.m.)
El camarín es una pequeña capilla en que se encuentra la imagen o escultura expuesta a la veneración de los fieles.

■ **chapiteau (n.m.)**
capitel (n.m.)
Los temas de los capiteles son muy distintos, tanto iconográficos como vegetales.

chapiteau historié
capitel historiado
Capiteles historiados de tema floral, o de temas vegetales y animales.

■ **château (n.m.)**
castillo (n.m.)
En tierras segovianas se alza el castillo de Coca que constituye una muestra de la arquitectura militar en ladrillo (en briques).
palacio (n.m.) (demeure royale ou seigneuriale)
El Palacio real de Aranjuez se eleva entre el Tajo y una plaza con soportales.

■ **chef-d'œuvre (n.m.)**
obra (n.f.) maestra
"El entierro del Conde de Orgaz" (cuadro que se conserva en Toledo) es la obra maestra y también el resumen del arte de El Greco.

■ **chemin (n.m.) de ronde**
camino (n.m.) de ronda o adarve (n.m.)

■ **chœur (n.m.) (où sont installées les stalles)**
coro (n.m.) (que contiene la sillería)
trascoro (n.m.) (mur d'enceinte du chœur)

churrigueresque (adj. ou n.m.)
churrigueresco (adj.) (estilo) o churriguerismo (n.m.)
El estilo churrigueresco, que debe su nombre a una dinastía de arquitectos "los Churiguerra", se caracteriza por una exuberante decoración barroca.

citadelle (n.f.)
ciudadela (n.f.)
El alcázar de Sevilla fue en tiempos romanos parte de la ciudadela militar.

clocher (n.m.)
campanario (n.m.) (terme général)
campanario de torre (n.m.) o torrecampanario (n.f.) (clocher-tour ou clocher carré).
espadaña (n.f.) (clocher-mur, dit clocher à jour ou campanile)
La espadaña es un campanario formado por una sola pared en la que están abiertos los huecos para colocar las campanas.

cloître (n.m.)
claustro (n.m.)
Con sus bóvedas (voûtes) de arcos ojivales (arcs en ogive), el claustro de la catedral de Tarragona es uno de los más bellos de Cataluña.

collection (n.f.)
colección (n.f.)

collection de peintures
colección pictórica

colombage (n.m.)
entramado (n.m.)
La imagen dominante en todo el ámbito de Castilla y León es la casa de entramado que revela la antigua abundancia de madera.

■ **colonne (n.f.)**
columna (n.f.)

colonne accouplée ou adossée (placée à côté d'une autre)
columna adosada

colonne engagée
columna embebida o entregada o de media caña

colonne libre, isolée
columna aislada, suelta o exenta

colonne torse
columna salomónica o entorchada (la que tiene el fuste contorneado en espiral)

communs (n.m.pl.) (dépendances, n.f.pl.)
dependencias (n.f.pl.)
En torno al patio de armas se sitúan las dependencias: los establos (étables) y almacenes (magasins, entrepôts) y las habitaciones (logis) de los mesnaderos (hommes d'armes) y soldados.

■ **construction (n.f.)**
construcción (n.f.)

construction en dur (en maçonnerie)
construcción de fábrica (n.f.)

construction (ou ouvrage) en pierres de taille
sillería (n.f.)

■ **couleur (n.f.)**
color (n.m.)
El color caliente (chaude) del nogal.

■ **coupole (n.f.) (voûte hémisphérique)**
cúpula (n.f.) (bóveda en forma de un hemisferio), media naranja (n.f.)
En la capilla de Nuestra Señora del Pilar (Zaragoza), se observarán desde la nave lateral pequeñas cúpulas decoradas con frescos de Goya.

■ **couvent (n.m.)**
convento (n.m.)
En el convento de la Encarnación de Avila, Santa Teresa tomó los hábitos (prit le voile).

■ **créneau (n.m.)**
almena (n.f.)

ensemble de créneaux
almenaje (n.m.)

croisée (n.f.) d'ogives
crucería (n.f.)

■ **crypte (n.f.)**
cripta (n.f.)
Debajo del Pórtico de la Gloria de la Catedral de Santiago de Compostela, están las bóvedas y pilares de una cripta llamada la Catedral Vieja.

dater (v.intr.), (être daté)
fechar (v.tr.) (fecharse, v.pr.)
Este mueble puede fecharse (être daté) a mediados del siglo XIII.

■ **décoration (n.f.)**
decoración (n.f.)
La decoración es a base de estilizaciones de la flora y fauna, con figuras fantásticas y fabulosas.

■ **dessin (n.m.)**
dibujo (n.m.)
En la pintura gótica, el dibujo es minucioso y a veces aparece el paisaje.

devise (n.f.)
lema (n.m.)
"NO-MADEJA-DO", es decir "No me ha dejado", reza el lema del escudo de Sevilla, ganado porque no abandonó a su rey en alguna ocasión peliaguda.

■ **donjon (n.m.)**
torre (n.f.) del homenaje o torre señorial
En la torre del homenaje vivía el señor feudal o el alcaide (gouverneur) de la fortaleza.

ébéniste (n.m.), ébénisterie (n.f.)
ebanista (n.m.), ebanistería (n.f.)
El bargueño es la verdadera invención de los ebanistas del renacimiento.

échauguette (n.f.)
atalaya (n.f.)

édifice (n.m.)
edificio (n.m.)

■ **église (n.f.)**
iglesia (n.f.)
El arte mudéjar islámico y judío de los siglos XII y XIII pervive de modo esplendoroso en diversas iglesias de Toledo.

■ **encorbellement (n.m.)**
saledizo (n.m.) o salidizo (n.m.)
en encorbellement (ou saillant, -e) saledizo (-a) adj.)

■ **ensemble (n.m.) monumental**
conjunto (n.m.) monumental
Este bellísimo conjunto monumental barroco es único por el poder evocador de sus motivos ornamentales.

■ **escalier (n.m.)**
escalera (n.f.)
Se accede a la iglesia de los Jerónimos por una escalera neoclásica.

escalier en colimaçon ou escalier tournant
escalera de caracol

escalinata (n.f.) (en el exterior o vestíbulo de un edificio)
La escalinata es de un solo tramo.

■ **exposition (n.f.)**
exposición (n.f.)

salle d'exposition (de tableaux)
sala de exhibición (de cuadros)

fauteuil (n.m.) conventuel (dit : de moine) ou chaise (n.f.) à bras
sillón frailero (n.m.) o frailero (n.m.)
El llamado "frailero", conocido en América con el nombre de "misión" o "misional", que se ha perpetuado no sólo en el siglo XVII, sino en pleno siglo XVII, puede darse como uno de los arquetipos del mueble español de asiento renacentista.

■ **fenêtre (n.f.)**
ventana (n.f.)

grande fenêtre
ventanal (n.m.)

fenêtre géminée
ajimez (n.m.)

■ **ferrure (n.f.)**
herraje (n.m.)
Adornado con herrajes decorativos, este arcón servía para guardar el ajuar (trousseau) de los recién casados (jeunes mariés).

■ **forteresse (n.f.)**
fortaleza (n.f.) (chez les chrétiens)
La catedral de Sigüenza es mitad templo, mitad fortaleza.
alcazaba (n.f.) (chez les arabes)
Gracias a su alcazaba, Málaga era la ciudad mejor defendida de Al-Andalus, es decir de la España musulmana.

■ **fouille (n.f.), fouiller (v.tr.)**
excavación (n.f.), hacer excavaciones o excavar (v.tr.)
El museo de Ampurias (Gerona) exhibe objetos procedentes de las excavaciones arqueológicas.

fouille de sauvetage
excavación de rescate

■ **fresque (n.f.)**
pintura (n.f.) al fresco o fresco (n.m.)
El interior de la iglesia románica se decora con pinturas al fresco.

galerie-verrière (n.f.)
galería (n.f.) acristalada
Las casas coruñesas se caracterizan por tres o cuatro plantas, soportales de arcos y galerías acristaladas.

■ **gothique (n.m. ou adj.)**
gótico (n.m.), gótico (-a) (adj.)
La bóveda de crucería, la elevación de los pilares y la apertura de grandes vanos (embrasures) son las principales características de la arquitectura gótica.

gothique flamboyant
gótico flamígero

gothique fleuri
gótico florido
El gótico florido es la versión española del "flamígero alemán" y del posterior "manuelino" portugués.

■ **gravures (n.f.)**
grabado (n.m.)
Goya realizó una serie de grabados : "Los desastres de la guerra", en los que acentuó su visión pesimista del hombre.

■ **grille (n.f.)**
cancela (n.f.) (donnant accès au patio en Andalousie)
reja (n.f.) (d'une fenêtre ou autre ouverture), verja (n.f.) (clôture)
La casa tradicional andaluza tiene una cancela en el umbral (seuil), rejas que protegen las ventanas, y a veces una verja para cerrar un jardín.

■ **grotte (n.f.)**
cueva (n.f.)

Las Cuevas de Altamira fueron descubiertas de forma accidental por un cazador en 1869, pero el descubrimiento de las pinturas prehistóricas no tuvo lugar hasta 1879.

gypse (n.m.)
yeso (n.m.), escayola (n.f.) (plâtre, n.m.), estuco (n.m.) (stuc, n.m.)
Olot (Gerona) es el centro de mayor relevancia en la producción de imaginería religiosa (statuaire religieuse) en yeso y escayola decorada y pintada.

habitation (n.f.) troglodytique
cueva (n.f.) habitada o vivienda-cueva (n.f.)

■ **herse (n.f.)**
rastrillo (n.m.)
Al castillo se accede por el puente levadizo, que se cierra con una verja de hierro llamada rastrillo.

hispano-mauresque (adj.) (art)
hispano-musulmán (adj.) (arte)
El primer período del arte hispano-musulmán se denomina cordobés porque fue en Córdoba donde se levantaron los más importantes monumentos ; el último período se desarrolló en el reino Nazarita de Granada.

isabelin (adj.) (ou hispano-flamand) (style)
isabelino (adj.) (o hispano-flamenco) (estilo)
El estilo isabelino es una fusión de las formas flamígeras del último gótico, la exuberancia de carácter mudéjar y la naciente influencia renacentista.

ivoire (n.m.)
marfil (n.m.)

linteau (n.m.) (de porte ou de fenêtre)
dintel (n.m.)
Parte superior de las puertas y ventanas que descansa sobre las jambas (jambages): los soportales pueden ser de dinteles.

■ **mâchicoulis (n.m.)**
matacán (n.m.)

■ **maçonnerie (n.f.) (en moellons, à joints incertains)**
mampostería (n.f.)

maçonnerie en pierres sèches (sans mortier)
mampostería en seco (sin argamasa)

■ **maître (n.m.) d'œuvre (maître maçon)**
maestro (n.m.) de obras
El alarife era un maestro de obras en la España musulmana.

■ **manoir (n.m.)**
casa (n.f.) solariega
mansión (n.f.) señorial, pazo (n.m.) (en Galice)

■ **marbre (n.m.)**
mármol (n.m.)

■ **mécènat (n.m.)**
mecenazgo (n.m.)
Felipe II fue un rey que impulsó el mecenazgo de las artes.

mécène (n.m.)
mecenas (n.m.)
Un mecenas se presenta como el protector de las artes y de las letras.

mégalithe (n.m.), mégalithique (adj.)
megalito (n.m.), megalítico (-a) (adj.)
Para acercarse a los monumentos megalíticos de Menorca (talayots, taulas y navetas) hay que aventurarse por caminos pedregosos.

menhir (n.m.)
menhir (n.m.)
Entre las excursiones que se pueden hacer de Mahón a Ciudadela (Menorca), la más recomendable es el yacimiento arqueológico de "Talati" de Dalt con una taula rodeada de menhires.

■ **meuble (n.m.)**
mueble (n.m.)
La concreción del llamado "mueble de estilo español", de línea severa y terminante (nette), en el que predomina el "cuarterón" (petit panneau), coincide con la consolidación de la unidad nacional en el siglo XVI.

meurtrière (n.f.)
aspillera (n.f.), saetera (n.f.) o tronera (n.f.)
Por las aspilleras se echaba aceite hirviendo sobre los asaltantes.

modillon (n.m.)
modillón (n.m.) o canecillo (n.m.)
El modillón es un sustento en forma de ménsula, con que se adorna por la parte inferior el vuelo de una cornisa.

■ **monastère (n.m.)**
monasterio (n.m.)
Si el turismo tradicional no se olvida de El Escorial, lo cierto es que en España son abundantes y no menos valiosos los monasterios de época gótica y sobre todo románica que configuran rutas y circuitos de alto valor.

■ **monument (n.m.)**
monumento (n.m.)
El museo marítimo de Barcelona se halla situado cerca del monumento a Colón frente al puerto.

■ **mosquée (n.f.)**
mezquita (n.f.)

motif (n.m.) (décoratif, ornemental)
motivo (n.m.) (decorativo, ornamental)

motifs floraux, géométriques
motivos florales, geométricos

tema (n.m.)
Los temas de tableros (panneaux), dibujos calados y arquerías, asi como los restos de policromía, son detalles del arte románico.

motif à feuillage
tema de hojarasca

motifs géométriques
temas geométricos

moulin (n.m.)
molino (n.m.)
En la Mancha, la ruta de los molinos coincide con la ruta de don Quijote en varios de sus puntos.

moyen âge (n.m.)
Edad (n.f.) Media o Medievo (n.m.)

bas moyen âge
Baja Edad Media

haut moyen âge
Alta Edad Media

■ **mozarabe (adj. ou n.m.)**
mozárabe (adj. o n.m.)
El arte mozárabe muy desarrollado en el reino de León en el siglo X y principios del siglo XI, se caracteriza por el empleo del arco de herradura y de la bóveda de nervios.

■ **mudéjar (adj. ou n.m.)**
mudéjar (adj. o n.m.)
En tierras cristianas se desarrolló el arte mudéjar basado esencialmente en la utilización de materiales pobres como el ladrillo o la mampostería (maçonnerie en moellons à joints incertains), el empleo del yeso para la búsqueda de efectos decorativos y el predominio de la cubierta de madera.

■ **mur (n.m.)**
muro (n.m.), pared (n.f.)
El grosor de los muros.

mur de clôture
muro de cerca o tapia (n.f.)

mur d'enceinte
recinto (n.m.)

■ **musée (n.m.)**
museo (n.m.)
En el museo nacional de las artes decorativas (Madrid), Ud. descubrirá colecciones de muebles, cueros (cuirs) de Córdoba, porcelanas, cerámicas, encajes (dentelles), orfebrería, tapices (tapisseries), muy bellos hierros forjados (fers forgés) y algunos cuadros de grandes maestros (tableaux de grands maîtres).

nature (n.f.) morte
bodegón (n.m.)
En el famoso "bodegón", Zurbarán con una extraordinaria técnica, aúna a una simplicidad de composición la valoración estética de los objetos.

nécropole (n.f.)
necrópolis (n.f.)
En Ibiza, la necrópolis púnica de Ebuso (o Ereso) consiste en un número impresionante de tumbas excavadas en la roca.

■ **nef (n.f.)**
nave (n.f.)

niche (n.f.)
hornacina (n.f.)
Los detalles religiosos, como las hornacinas votivas, son frecuentes en las calles de los pueblos andaluces

■ **œuvre (n.f.) d'art**
obra (n.f.) de arte

■ **ogive (n.f.) (ou arc brisé)**
ojiva (n.f.)
Formada por dos arcos cruzados en ángulo, la ojiva es una figura característica del arte gótico.

or (n.m.)
oro (n.m.)

■ **palais (n.m.)**
palacio (n.m.)
Los palacios de Santillana del Mar ostentan enormes y soberbios blasones (blasons).

■ **panthéon (n.m.)**
panteón (n.m.)
En los sótanos del Monasterio de San Lorenzo de El Escorial, se encuentra el Panteón donde reposan los Reyes de España.

■ **patrimoine (n.m.) artistique ou culturel**
patrimonio (n.m.) artístico o cultural

acervo (n.m.) artístico o cultural
Es importante el acervo artístico que la región encierra, y por extenso, muy difícil de reseñar (recenser).

■ **peintre (n.m.) ou femme (n.f.) peintre**
pintor (n.m.) o pintora (n.f.)

■ **peinture (n.f.)**
pintura (n.f.)
La pintura románica cumple una función religiosa.

■ **pierre (n.f.)**
piedra (n.f.)

pierre de taille
cantería (n.f.), piedra (n.f.) de cantería, piedra (n.f.) de sillería o sillar (n.m.)
Las piedras de cantería son piedras labradas, de forma regular y bien escuadrada.

■ **pilier (n.m.)**
pilar (n.m.)
Los pilares son elementos verticales macizos que se ponen en una construccíon para sostener un edificio o que sirve de soporte a una armazón.

■ **pinacothèque (n.f.)**
pinacoteca (n.f.)
En una pinacoteca se exponen importantes obras pictóricas.

■ **plafond (n.m.) à caissons (en forme d'auge de maçon)**
techo (n.m.) artesonado o artesonado (n.m.)
En la antigua residencia de los emires árabes, la Aljafería (Zaragoza), reformada por los Reyes Católicos, destaca la sala del trono por su prestigioso artesonado mudéjar.

■ **plan (n.m.)**
planta (n.f.)
La planta de un edificio es el diseño que representa la figura que forman sobre el terreno los cimientos o la sección horizontal de los diferentes pisos.

plan selon la forme des basiliques
planta basilical

traza (n.f.)
La traza es el diseño o planta que se ha de seguir para la fábrica de un edificio u otra obra.

■ **plateresque (adj. ou n.m.)**
plateresco (n.m.), plateresco (-a) (adj.)
El gran plateresco castellano que se caracteriza por el gusto de la decoración minuciosa, detallada y rica de "orfebre" será el estilo español durante todo el primer tercio del XVI.

■ **polychrome (adj.)**
policromo (-a) (adj.) o policromado (-a) (part.pas.)
El siglo XVII es el más glorioso de la escultura española, una escultura que será de madera policromada con dos características: la religiosidad y el realismo.

■ **pont (n.m.)**
puente (n.m.)
Media docena de puentes de nueva construcción cruzan el río, uniendo a la Exposición con el viejo casco urbano de Sevilla.

■ **pont-levis (n.m.)**
puente (n.m.) levadizo

■ **portail (n.m.)**
portada (n.f.) (porte ornementée)
pórtico (n.m.) (grande entrée)

portail central ou principal
pórtico central
El pórtico central de la Catedral de Santiago de Compostela se llama el Pórtico de la Gloria.

portail latéral
pórtico lateral

■ **porte (n.f.)**
puerta (n.f.)
La tradición mantiene que la puerta antigua de Bisagra fue la puerta por la que Alfonso VI de Castilla entró en Toledo al reconquistar la ciudad en el año 1085.

■ **portique (n.m.) (galerie en façade à arcades ou colonnade)**
pórtico (n.m.) (galería delante de una fachada sostenida por columnas o arcadas).

orné d'un portique ou de portiques
porticado (-a) (adj.)
La visita a Chinchón con su plaza porticada es obligada.

portrait (n.m.)
retrato (n.m.)

Entre los retratos típicos de hidalgo del Greco destaca "El caballero de la mano al pecho".

poutre (n.f.)
viga (n.f.)

■ **préroman (n.m.), préroman (-e) (adj.)**
prerrománico (n.m.), prerrománico (-a) (adj.)
El conjunto prerrománico asturiano está representado por iglesias de plantas basilicales y su novedad consiste en la utilización del arco de medio punto.

■ **rempart (n.m.) (ou muraille, n.f.)**
muralla (n.f.)
Los musulmanes pasaron por Castilla-La Mancha dejando murallas y fortificaciones, puertas y puentes.

■ **Renaissance (adj. inv. ou n.f.)**
renacimiento (n.m.) (époque)
renacentista (adj.) (style)

d'un genre Renaissance tardif
de un renacimiento tardío

■ **repoussage (n.m.)**
repujado (n.m.)
Granada, Ubrique y Salamanca son centros de interés en el repujado del cuero.

■ **restauration (n.f.)**
restauracíon (n.f.)
Las labores de restauracíon deberían ser llevadas a cabo por un equipo multidisciplinar de arquitectos, químicos, biólogos, físicos, arqueólogos, geólogos e historiadores.

■ **romain (n.m.), romain (-e) (adj.)**
romano (n.m.), romano (-a) (adj.)
En España, los monumentos más típicos de la arquitectura romana son los anfiteatros, los teatros, los circos, los arcos de triunfo y las obras de ingeniería.

■ **roman (n.m.), roman (-e) (adj.)**
románico (n.m.), románico (-a) (adj.)
La bóveda de cañón o de arista, los poderosos muros y los gruesos pilares de sustentación son los elementos constructivos básicos de la arquitectura románica.

■ **rosace (n.f.)**
rosetón (n.m.)

■ **ruine (n.f.)**
ruina (n.f.)
Por su emplazamiento al borde del mar, las ruinas de Ampurias (Gerona) constituyen un conjunto particularmente sugestivo.

■ **saillie (n.f.)**
saledizo (n.m.), salidizo (n.m.), voladizo (n.m.), saliente (n.m.), o vuelo (n.m.)
El saledizo es la parte de un edificio que sobresale fuera de la pared.

salle (n.f.) (grande pièce)
sala (n.f.) (cuarto grande)
aposento (n.m.) (très grande pièce)
Desde el patio de armas una escalera conduce a los principales aposentos del alcázar

■ **sculpture (n.f.)**
escultura (n.f.)
Escultura de mármol (de marbre).
talla (n.f.) (de madera, en bois)
En la Semana Santa de Valladolid destacan las tallas policromadas de Gregorio Fernández.

■ **siècle (n.m.)**
siglo (n.m.)
El primer siglo se cuenta del año 1 al 100; por lo tanto el siglo XX contaría desde el año 1901 al 2000, y el XXI desde el 2001 hasta el 2100.

au (ou : du) début du XVe siècle
a (o: de) principios del siglo XV

à la fin (ou : de la fin) du XVe siècle
a fines (o: de finales) del siglo XV

au milieu du siècle
a mediados de siglo

au cours de tout le XVIIe siècle (tout au long du XVIIe siècle)
a lo largo de todo el siglo XVII

au siècle passé
en el siglo pasado

soubassement (n.m.)
zócalo (n.m.)
Un zócalo alicatado (orné d'azulejos).

■ **statue (n.f.)**
estatua (n.f.)
El doncel (damoiseau) de la catedral de Sigüenza es una estatua que representa al personaje en una postura natural, como si estuviera en vida.

statue équestre
estatua ecuestre

■ **style (n.m.)**
estilo (n.m.)

inspiré du style Louis XV
inspirado en el estilo Luis XV

surbaissé (-e) (adj.)
rebajado (-a) (adj.)
Un arco rebajado.

surhausser (v.tr.)
sobrealzar (v.tr.), realzar (v.tr.)
Sobrealzar es dar mayor altura a una fábrica (bâtiment).
peraltar (v.tr.)
Peraltar un arco.

■ **table (n.f.) à traverses ou consoles en fer forgé**
mesa (n.f.) de fiadores
El mueble más español es la mesa de fiadores, fácilmente desarmable, con la tapa de nogal sobre unas patas inclinadas y unidas entre sí por dos piezas de hierro forjado, en forma de X, que se llaman fiadores.

■ **tableau (n.m.)**
cuadro (n.m.)
Un cuadro religioso, un cuadro modernista o vanguardista.

tableau de maître
cuadro maestro

■ **tapisserie (n.f.)**
tapiz (n.m.) (pour les murs)
Esa obra verdaderamente excepcional que es el "tapiz de la Creación", instalada en el Tesoro de la catedral de Gerona, es en realidad una tela bordada (tissu brodé).

terrasse (n.f.) (au sol ou en étage)
terraza (n.f.)

terrasse (n.f.) (en toiture)
azotea (n.f.) o terrado (n.m.) (de tejado)
El terrado plano de las casas de influencia de las Alpujarras se usa para fiestas, reuniones y como secadero de productos agrícolas.

■ **toile (n.f.)**
tela (n.f.) o lienzo (n.m.)
En esta exposición, la temperatura se mantiene cuidadosamente controlada para evitar la craquelación del lienzo.

■ **toit (n.m.)**
techo (n.m.) tejado (n.m.)

toit à deux (ou quatre) pans ou versants
tejado a dos (o cuatro) aguas

■ **toiture (n.f.)**
techumbre (n.f.), techado (n.m.)

■ **tour (n.f.)**
torre (n.f.)
Desde la torre del Alcázar se disfruta de un hermoso panorama de la ciudad antigua.

tour de guet
atalaya (n.f.)

■ **trésor (n.m.)**
tesoro (n.m.)
En ciertas iglesias el tesoro es la parte donde se custodian los objetos preciosos tales como cálices (calices), copones (ciboires), custodias (ostensoirs), relicarios (reliquaires), y paramentos sacerdotales (ornements sacerdotaux).

■ **tympan (n.m.)**
tímpano (n.m.)
El tímpano es un espacio liso o con escultura, circunscrito por varios rectas, que domina el dintel del porche.

■ **vitrail (n.m.) (pl.: vitraux)**
vidriera (n.f.)
Los muros laterales son aligerados con vidrieras que constituyen el "relleno" (le "remplissage").
vitral (n.m.)
Los vitrales son vidrieras de colores (dícese especialmente de las vidrieras de iglesias y catedrales).

■ **voûte (n.f.)**
bóveda (n.f.)
La iglesia es de planta (plan) de cruz latina con bóveda estrellada (étoilée).

voûte d'arête
bóveda por arista, bóveda claustral bóveda de aljibe o bóveda esquifada
La bóveda por arista es la de dos cañones semicilíndricos que se cortan el uno al otro.

voûte en berceau
bóveda de (o: en) cañón
La bóveda de cañon es la que tiene la forma de un medio cilindro hueco y que cubre el espacio comprendido entre dos muros paralelos.

voûte en plein cintre
bóveda de medio punto

■ **voûté (-e) (adj.)**
abovedado (-a) (adj.)

B

VISITES, EXCURSIONS, SPECTACLES ET SPORTS
Visitas, excursiones, espectáculos y deportes

accéder (v.intr.) à
acceder (v.intr.) a
Se accede difícilmente a las magníficas playas casi secretas de Menorca.

affiche (n.f.) (être à l')
cartel (n.m.) (estar en)
La obra estará en cartel en un teatro madrileño hasta el verano.

■ **arènes (n.f.pl.) (de taureaux)**
plaza (n.f.) (de toros) o coso (n.m.) (taurino)
En la plaza de toros, el Presidente agita un pañuelo blanco: puede empezar el paseíllo. Entran en el ruedo los alguaciles a caballo y siguen los matadores, a continuación los peones de cada cuadrilla de éstos, dos picadores a caballo y finalmente los monosabios ayudantes de los picadores, los areneros que cuidan la pista y los mozos que guían a las mulillas encargadas de arrastrar el cuerpo del toro cuando haya muerto.

arrêt (n.m.)
parada (n.f.) o detención (n.f.)

Hagamos una parada para contemplar la originalidad de las viviendas-cuevas de Purullena (Granada) diseminadas por multitud de pequeñas colinas de arcilla roja.

■ **atteindre (v.tr.)**
alcanzar (v.tr.)
Hay que calcular una hora de camino para alcanzar el chiringuito en la orilla del Guadiana.

■ **belvédère (n.m.)**
mirador (n.m.)
Una breve detención en el mirador nos mostrará bajo nosotros la ciudad y, como telón de fondo, la rica vega (plaine cultivée) granadina.

boîte (n.f.) de nuit (night-club, n.m.)
sala (n.f.) de fiestas, o club (n.m.) de noche
La sala de fiestas está llena de gente joven que tiene marcha (branchés).

■ **carnaval (n.m.), (carême-prenant, n.m.)**
carnaval (n.m.), carnestolendas n.f.pl.)
Durante el carnaval, con sus carrozas (chars) coronadas por las mujeres más bellas de la ciudad, Santa Cruz de Tenerife se transforma en un río humano de bailarines, máscaras y originales disfraces (déguisements).

■ **centre (n.m.) hippique**
centro (n.m.) hípico
Este centro hípico organiza para los jinetes una peregrinación (pélerinage) ecuestre a Santiago de Compostela por caminos y sendas inaccesibles a los medios de transporte convencionales.

cyclotourisme (n.m.)
cicloturismo (n.m.)
El cicloturismo no contamina, no hace ruido, no es agresivo con el medio ambiente y permite una completa armonía con el paisaje.

■ **cinéma (n.m.)**
cine (n.m.)
La más importante atracción artística de París no es la ópera, los conciertos, teatros o cabarets sino el cine.

■ **circuit (n.m.) (antonyme: itinéraire, n.m.)**
circuito (n.m.) (antónimo: ruta, n.f.)
En Tenerife, un circuito insular permite conocer la parte verde y abrupta en la costa norte y la más seca en la oriental y meridional.

concert (n.m.)
concierto (n.m.)
Muchos cines se han transformado en discotecas o salas de conciertos.

congrès (n.m.)
congreso (n.m.)
La ciudad cuenta con un nuevo Palacio de congresos y exposiciones cuyo recinto (enceinte) se convertirá por su diseño y distribución interna en uno de los más avanzados del mundo.

■ **course (n.f.) de taureaux**
corrida (n.f.) o fiesta (n.f.) (de toros)
La corrida de toros se divide en tres tercios o suertes (phases): la suerte de varas (piques), la suerte de banderillas y la suerte de muleta o muerte.

■ **danse (n.f.)**
baile (n.m.)
Los salones de baile que vuelven a estar de moda son el punto de reunión de los que quieren bailar tangos, vals y pasodobles.
danza (n.f.) (danse chorégraphique)
Hoy, en la función de la tarde (en matinée), se da un espectáculo de danza clásica.

danser (v.tr.)
bailar (v.tr.)

Al bailar las sevillanas no olvide que el hombre no debe elevar sus brazos por encima de la cabeza.

■ **départ (n.m.) (point de)**
salida (n.f.) o partida (n.f.) (punto de)
El punto de partida de nuestra ruta por Menorca es Mahón.

descente (n.f.)
bajada (n.f.) (l'action de descendre)
La bajada se efectuará por la vertiente norte de la isla.
descenso (n.m.) (voie ou moyen pour descendre)
El descenso de un sector del Guadiana en piragua (canoë-kayak) es propicio para contemplar colonias de garzas (héron).

■ **destination (n.f.) (point de)**
destino (n.m.) (punto de)
El punto de destino de los peregrinos (pélerins) es Santiago de Compostela.

■ **détour (n.m.)**
desvío (n.m.) o rodeo (n.m.)
Le recomiendo el desvío si quiere descubrir alguna playa desierta.

diriger (se) (v.pr.) (de ...vers)
dirigirse (v.pr.) (desde ...hacia)
del castillo nos dirigimos hacia el parque.

■ **discothèque (n.f.)**
discoteca (n.f.) o "disco" (abréviation familière)
El verano es una estación propicia para tomarse una copa (boire un verre) en el ambiente marchoso (dans le vent) de algunas discotecas o pubs.

■ **divertir (se) (v.pr.) (se distraire, s'amuser)**
divertirse (v.pr.) (distraerse, recrearse)
Durante el carnaval, los niños se divierten como locos disfrazándose.

■ **divertissement (n.m.) (distraction, n.f.)**
diversión (n.f.) o recreo (n.m.)
En el Madrid de noche los lugares de diversión son muy variados.

■ **droite (n.f.) (à)**
derecha (n.f.) (a la)
Pasado el pueblo, tuerza a la derecha por la N. 340.

durée (n.f.)
duración (n.f.)
La duración de la ruta es de una jornada entera.

■ **environs (n.m.pl.) (alentours, n.m.pl.)**
cercanías (n.f.pl.) (alrededores n.m.pl.)
En las cercanías de Jumilla (Murcia) podrán hacer una interesante visita a una bodega cooperativa.

■ **étape (n.f.)**
etapa (n.f.)
La tercera etapa consistirá en una espectacular ascensión por los acantilados.

■ **excursion (n.f.)**
excursión (n.f.)
Después de la visita panorámica de Lisboa iremos de excursión a Cintra.

■ **excursionniste (n.m. ou f.)**
excursionista (n.m. o f.)
Los excursionistas dispondrán de una hora para el almuerzo.

festival (n.m.)
festival (n.m.)
Seis compañías de distintos puntos de nuestra geografía participarán en el primer festival de teatro de comedias organizado por la Concejalía de cultura del Ayuntamiento.

■ **festivité (n.f.)**
festividad (n.f.)
Las festividades empiezan con bailes y fuegos de artificio.

■ **festivités (n.f.pl.) (fêtes, n.f.pl.)**
festejos (n.m.pl.)
En España, a los festejos religiosos se suman los de naturaleza militar como los ritos de moros y cristianos (en Alcoy, provincia de Alicante), los de corte deportivo como los torneos vascos de levantamiento de piedras o talas de troncos, los de origen agropecuario como las batallas de tomates levantinas, los meros eventos comerciales como la elección de misses.

■ **fête (n.f.)**
fiesta (n.f.)
Cada región, cada pueblo, cada cultura se autorretrata y refleja en sus fiestas: las gallegas, metafísicas; las andaluzas, garbosas; las castellanas, místicas; las canarias, tropicales; las catalanas, estrepitosas; las valencianas, formales.

film (n.m.)
película (n.f.) o filme (n.m.)
Exhibida en más de 60 países, doblada a más de 10 idiomas, la primera película largometraje de dibujos animados de Walt Disney, "Blancanieves y los 7 enanitos" se reestrena (est repris).

■ **flamenco (n.m.)**
flamenco (n.m.)
El flamenco, este arte tan rico y complejo característico del sur de España, se convierte en una atracción turística en los tablaos flamencos (cabarets andalous) no sólo para españoles sino para los extranjeros que visitan Sevilla.

■ **foire (n.f.) (fête foraine)**
feria (n.f.)
Con motivo de la Feria de Abril de Sevilla se celebran numerosas corridas.

■ **foire-exposition (n.f.)**
feria de muestras (n.f.)
La feria de muestras patrocinada por la Asociación de agentes de viajes está abierta al público del 5 al 7 de mayo en el recinto ferial (champ de foire, enceinte de la foire) de la ciudad.

■ **football (n.m.)**
fútbol (n.m.)
El estadio de fútbol está abarrotado de aficionados empedernidos (acharnés) e hinchas (supporters) incondicionales de su equipo.

■ **gauche (n.f.) (à)**
izquierda (n.f.) (a la)
a los dos kilómetros se toma a la izquierda otra carretera.

golf (n.m.)
golf (n.m.)
Para el golfista, elegir el palo (club) adecuado para cada jugada es una de las decisiones claves del juego de golf.

■ **guidage (n.m.) (accompagnement de touristes)**
acompañamiento (n.m.)
Para el acompañamiento de grupos de extranjeros se debe conocer perfectamente el idioma de los viajeros.

■ **itinéraire (n.m.) (route, n.f.)**
itinerario (n.m.) o ruta (n.f.)
Una vez elegida la ruta se procede al establecimiento del itinerario.

jeu (n.m.)
juego (n.m.)
Las familias españolas dedican una parte importante de sus ingresos a juegos de azar de cualquier tipo.

jour (n.m.) férié
día (n.m.) festivo
Los días festivos son días de cierre (fermeture) para los museos.

■ **loisir (n.m.)**
ocio (n.m.)
Nuestra vida gira cada vez más alrededor del ocio.

■ **manifestation (n.f.)**
acto (n.m.)
Las fiestas en honor del Santo se inician con diversos actos religiosos.

marcher (v.intr.)
andar (v.intr.)
Cantabria necesita ser "andada" para poder ser vista, oída, olida y palpada.

mener à (v.tr.) (conduire à, v.tr.))
conducir a (v.tr.)
Cualquier ruta elegida le conducirá a la playa.

montée (n.f.)
subida (n.f.), ascensión (n.f.)
La ascensión al lago merece la pena.

■ **panorama (n.m.) (vue panoramique)**
panorama (n.m.) (panorámica, n.f.)
En Mallorca, unas de las mejores panorámicas sobre la isla se obtiene desde las laderas del monte Sa Trapa.

■ **parc (n.m.) d'attractions ou parc de loisirs**
parque (n.m.) de atracciones o parque recreativo
Para los niños, este inmenso parque de atracciones, reino del entretenimiento (amusement), es un paraíso terrenal que satisface todos sus caprichos.

■ **parcourir (v.tr.)**
recorrer (v.tr.)
En la Mancha, cualquier ruta elegida le permitirá recorrer los paisajes ensalzados (vantés) por Cervantes.

pèlerinage (n.m.)
peregrinación (n.f.)
La presencia del Sepulcro del Apóstol Santiago (Apôtre Saint-Jacques) ha convertido a Compostela en centro mundial de peregrinaciones desde la Edad Media.
romería (n.f.)
Con motivo de la romería del Rocío (Huelva), 90 hermandades hacen el camino del Rocío que realizan ricos y pobres a pie, a caballo, en carretas (carrioles), camiones, e incluso, en vehículo todo terreno, unidos por el deseo de hacer una ofrenda a la Virgen (Vierge).

photographie (n.f.)
fotografía (n.f.)
Lo más importante de mis viajes es recordarlos en forma de fotografías sacadas en blanco y negro o en color con una cámara fotográfica de bolsillo (appareil de poche ou pocket).

■ **pratique (n.f.) d'un sport**
práctica (n.f.) de un deporte
Las favorables condiciones de España por su climatología y estructura turística en general favorecen la práctica de los deportes.

prendre (v.tr.) (emprunter, v.tr.)
tomar (v.tr.)
Al tomar la carretera general se encuentra señalizada una desviación hacia el mirador enclavado a unos 400 metros.

■ **promenade (n.f.)**
paseo (n.m.)
El camino en suave descenso (pente) ofrece un agradable paseo.

représentation (n.f.)
actuación (n.f.)
La plaza de la catedral de Toledo sirve hoy de marco (cadre) a la actuación del Ballet Lírico Nacional.

■ **retour (n.m.)**
regreso (n.m.) o vuelta (n.f.)
La vuelta se efectuó a través de la N. 301.

retourner (v.intr.)
regresar (v.intr.) o volver (v.intr.)
Volveremos a Madrid al anochecer (tombée de la nuit).

■ **rubrique (n.f.) des spectacles**
cartelera (n.f.)
En los diarios de la mañana, podrá consultar la cartelera de Madrid.

■ **Semaine (n.f.) Sainte**
Semana (n.f.) Santa
Durante la Semana Santa sevillana, el día y la hora convenidos, las cofradías (o hermandades) que agrupan en promedio a 500 nazarenos (o penitentes) encapuchados (encagoulés), ponen en la calle sus pasos procesionales (chars de procession) inundados de flores e iluminados por la luz de los cirios (cierges).

■ **site (n.m.) d'intérêt touristique**
lugar (n.m.) o paraje (n.m.) de interés turístico
Según la guía el monasterio de El Escorial (Madrid) es un lugar de interés turístico que justifica un viaje.

■ **spectacle (n.m.)**
espectáculo (n.m.)
Este espectáculo es un formidable despliegue de música, agua, luz y color con más de 50 artistas en escena para trasladarle a un mundo de fantasía.

■ **sport (n.m.)**
deporte (n.m.)
El piragüismo (canoë-kayak), parapente y bicicleta todo terreno (V.T.T.) o de montaña (mountain bike) son deportes minoritarios, en pleno auge, que proporcionan un contacto lleno de emociones con la naturaleza.

sportif (-ve) (n.m. ou f. ou adj.)
deportista (n.m. o f.)
En la ceremonia inaugural de los Juegos Olímpicos desfilaron más de 10.000 deportistas de las 183 delegaciones olímpicas.
deportivo (-a) (adj.)
En el centro deportivo se practican varios deportes.

■ **tauromachie (n.f.), tauromachique (adj.)**
tauromaquia (n.f.) o toreo (n.m.), tauromáquico (-a); (adj.)
En el toreo, se emplea una terminología difícil de comprender para los turistas. Cuando se dice de un toro que es bizco (bigle) ¿cómo saber que tiene un pitón (corne) más bajo que el otro?

tennis (n.m.)
tenis (n.m.)
El hotel está dotado de un gimnasio, piscina interior y exterior, circuito de jogging y pista (court) de tenis.

torero (n.m.) (ou anciennement: toréador, n.m.)
torero (n.m.) o matador (n.m.) o diestro (n.m.)
En esta grandiosa corrida de toros los matadores lidiarán (combattront) seis magníficos toros de una acreditada ganadería (élevage) de Medina Sidonia.

■ **visite (n.f.)**
visita (n.f.)
La visita dirigida del monasterio resultó muy interesante.

4
COMMUNICATIONS
Comunicaciones

■ **accuser (v.tr.) réception de**
acusar (v.tr.) recibo a (o: de)
Acusamos a Ud. recibo de su atto. (en abreviatura de: atento) escrito de los corrientes (de ce mois).

■ **adresse (n.f.)**
dirección (n.f.) o señas (n.f.pl.)
Antes de confiar un envío al Correo, recuerde que la dirección comprende el nombre y apellidos del destinatario, las señas de su domicilio y el punto de destino precedido del código postal correspondiente.

affranchissement (n.m.) (le port, n.m.)
franqueo (n.m.)
El franqueo de las cartas y tarjetas postales depende del lugar de destino.

annexe (n.f.)
anexo (n.m.)
Si la carta va acompañada, por ejemplo de un cheque, conviene indicar al pie de la carta, a la izquierda, el número y la índole (nature) del documento de la manera siguiente: "anexo: 1 cheque".

■ **annuaire (n.m.) téléphonique**
guía (n.f.) telefónica o de teléfonos, o listín (n.m.) de teléfonos
Cuando se quiere hablar con un abonado se busca su número en la guía telefónica.

■ **appel (n.m.) téléphonique (ou: coup de fil) (avec préavis)**
llamada (n.f.) telefónica (a cobro revertido)
En el extranjero, el turista puede llamar a España desde cualquier teléfono o cabina telefónica sin necesidad de pagar por la llamada al momento, ya que el cobro se hace mediante la modalidad de "cobro revertido", es decir, se paga en España.

appeler (v.tr.) (au téléphone) (ou: passer un coup de fil)
llamar (v.tr.) (por teléfono)
"Le habla el contestador automático de Rosa de Urbino. Siento no poder atenderle en estos momentos. Si quiere, puede dejar su mensaje después de oir la señal y yo le llamaré. Gracias".

■ **boîte (n.f.) aux lettres (de la Poste)**
buzón (n.m.) (de Correos)
En los buzones se recogen las cartas varias veces al día.

■ **boîte (n.f.) postale**
apartado (n.m.) de Correos
Correos le ofrece la opción "apartados particulares" para que pueda retirar sus envíos en las oficinas antes de la salida de los repartidores.

■ **bureau (n.m.) de poste**
oficina (n.f.) de correos
En nuestras oficinas le informarán sobre el funcionamiento de nuestros servicios a nivel internacional.

■ **cabine (n.f.) téléphonique publique**
cabina (n.f.) telefónica o de teléfono público (isolée)
En el bello pueblo de Candelario (Salamanca) se han sustituido las convencionales cabinas telefónicas de aluminio por unas cabinas de madera con cubierta de teja adaptadas al entorno urbano de este pueblo.

■ **carte (n.f.) postale**
tarjeta (n.f.) postal o postal (n.f.)
Por el simple hecho de tener un abono, el Servicio Filatélico de Correos le ofrece la oportunidad de coleccionar sellos y postales.

ci-inclus (-e) (adj.) ou ci-joint (-e) (adj.)
incluso (-a) (adj.) o adjunto (-a) (adj.)
Sírvase encontrar adjunto el folleto del hotel.

clavier (n.m.) (du téléphone)
teclado (n.m.) (del teléfono)
La secretaria marca rápidamente un número de teléfono pulsando un teléfono de teclado.

■ **code (n.m.) postal**
código (n.m.) postal (C.P.)
El código postal debe preceder el nombre de la ciudad o del pueblo.

■ **communication (n.f.) (ou conversation, n.f.) téléphonique**
comunicación (n.f.), llamada (n.f.) telefónica, o conferencia (n.f.)
Las llamadas desde los hoteles son extremadamente caras.

confirmer (v.tr.)
confirmar (v.tr.)

Le rogamos nos confirme con toda urgencia si nuestras condiciones son de su interés.

■ **correspondance (n.f.)**
correspondencia (n.f.)
Se puede recibir correspondencia en su propio domicilio, en apartados particulares o en lista de Correos.

correspondant (n.m.) (au téléphone)
comunicante (n.m.)
El comunicante se ha equivocado de número.

■ **courrier (n.m.)**
correo (n.m.)
A vuelta de correo.

curriculum vitae (n.m.) (études, activités professionnelles)
historial (n.m.) (académico, profesional), currículo (n.m.) o currículum vitae (n.m.)
Le sugerimos que, sin compromiso alguno, ni por su parte ni por la nuestra, nos envíe su historial completo con datos personales, estudios realizados, experiencia, teléfono de contacto y fotografía reciente.

dactylographe ou dactylo (n.m. ou f.), - dactylographie, (n.f.) - dactylographier (v.tr.) ou taper (v.tr.) à la machine
mecanógrafo (-a) (n.m. o f.), - mecanografía (n.f.), - mecanografiar (v.tr.) o escribir (v.tr.) con máquina
La mecanógrafa escribe con una máquina de proceso de textos.

■ **date (n.f.)**
fecha (n.f.)
De fecha 4 de octubre de 2001.

demander (v.tr.)
pedir (v.tr.), solicitar (v.tr.)
Le pedimos su aceptación antes del 31 de julio actual.

■ **déplorer (v.tr.) (être désolé)**
lamentar (v.tr.)
Lamentamos vernos obligados a comunicarle que no nos será posible complacerle, ya que nuestro hotel está completo para la fecha deseada por Ud..

■ **destinataire (n.m.) (d'un courrier)**
destinatario (n.m.)
La dirección del destinatario es ilegible.

distribution (n.f.) (du courrier)
reparto (n.m.) (del correo)
El reparto del correo se efectúa por la mañana mediante depósito en los casilleros postales domiciliarios (boîtes aux lettres privées).

écrire (v.tr.)
escribir (v.tr.)
El aspecto de una carta refleja el carácter y condición de quien la escribe.

■ **en-tête**
membrete (n.m.) (inscription imprimée en tête d'une feuille de papier à lettres)
En el papel con membrete del hotel van impresos: la razón social, la dirección de la empresa (entreprise), la dirección telegráfica y los números de teléfono y fax.

■ **enveloppe (n.f.)**
sobre (n.m.) (Amér.: la cubierta)
Envío bajo sobre.

■ **envoi (n.m.) ou expédition (n.f.)**
envío (n.m.) o expedición (n.f.)
El envío puede efectuarse por correo ordinario, por avión, por correo urgente (par exprés) o contra reembolso.

épeler (v.tr.)
deletrear (v.tr.)
¿Quiere deletrearme su nombre y apellidos?

■ **expéditeur (n.m.)**
remitente (n.m.)
La dirección del remitente ha de figurar en el sobre, en el reverso (verso) o en la mitad izquierda del anverso (recto), preferentemente en su parte superior.

facteur (n.m.) (préposé des postes)
cartero (n.m.)
El cartero va de casa en casa y de piso en piso para repartir la correspondencia.

■ **indicatif (n.m.)**
prefijo (n.m.) regional (de la provincia)
indicativo (n.m.) (del país)
Para el servicio internacional marque el 00, luego el indicativo de Francia, que es el 33, y por fin, el prefijo regional (por ejemplo, 4 para la zona sureste).

informer (v.tr.)
informar (v.tr.)
Nos complacemos en informarle que hemos programado con el mayor esmero (soin) veinte excursiones radiales que darán a conocer los atractivos de París y sus alrededores.

■ **lettre (n.f.)**
carta (n.f.) o escrito (n.m.)
Hoy día, han pasado de moda las fórmulas largas y pretenciosas. Para redactar una carta se recomiendan sencillez, claridad, brevedad y también diplomacia.

■ **ligne (n.f.) téléphonique**
línea (n.f.) telefónica
¿Podría ponerme con Mateo López? - Lo siento, pero la línea está ocupada.

■ **message (n.m.) (ou commission, n.f.)**
mensaje (n.m.) (o recado, n.m.)
¿Sería posible dejar un recado?

■ **messagerie (n.f.) électronique**
correo (n.m.) electrónico
El nuevo servicio de la empresa de distribución de viajes, además del acceso a Internet, provee a cada agencia de una cuenta de correo electrónico para cada uno de sus PC's.

■ **numéro (n.m.) de téléphone**
número (n.m.) de teléfono
Lo siento, me he equivocado de número.

obligeance (avoir l') (ou: bien vouloir)
servirse o tener a bien
Le rogamos a Ud. se sirva (o: tenga a bien) reconfirmarnos su petición de reserva.

opératrice (n.f.)
operadora (n.f.)
La operadora que canaliza las llamadas contesta en español.

ordinateur (n.m.)
ordenador (n.m.)
El ordenador es capaz de soportar más de 1 millón de consultas mensuales con numerosas peticiones simultáneas sobre alojamientos, circuitos, cruceros, medios de transporte, seguros de viaje y alquiler de coches.

papier (n.m.) à lettres
papel (n.m.) de cartas o de escribir
El papel de cartas de los Paradores se distingue por su conocidísimo logotipo.

photocopie (n.f.)
fotocopia (n.f.)
Podremos hacer fotocopias en la secretaría.

■ **plaisir (n.m.) (avoir le ... de)**
gusto (n.m.) (tener el ... de)
Tenemos el gusto de comunicarle que podemos prolongar la reserva hasta la fecha por Ud. deseada.
complacerse (v.pr.) en
Nos complacemos en anunciarle la reapertura de nuestro hotel después de una completa rehabilitación.

■ **portable (n.m.) (téléphone portable)**
móvil (n.m.) (teléfono móvil o portátil)

post-scriptum (n.m.inv.) (abréviation: P.S.)
posdata o postdata (n.f.) (abreviatura: P.D.), o post scriptum (n.m.inv.) (abreviatura: P.S.)

■ **Poste (n.f.) (Administration des postes)**
Correos (Amér.: el correo)
Me interesaría saber cuáles son los diversos servicios de Correos.

■ **poste (n.m.) (numéro de téléphone interne)**
extensión (n.f.) (número de)
Póngame con el jefe de contabilidad: su extensión es la 54.

■ **poste restante (n.f.)**
lista de correos (n.f.)
En "lista de correos", ventanilla N°3, le dirán si tiene cartas.

récepteur (n.m.) du téléphone
receptor (n.m.)
Descolgar o colgar el receptor.

■ **recommandé (n.m.) (ou lettre recommandée)**
certificado (n.m.) o carta certificada (n.f.) (Amér.: recomendado, n.m.)
Para una mayor seguridad es preferible enviar una carta certificada (o un certificado) con aviso de recibo.

■ **reconnaissant (-e) (adj.) (être)**
agradecer (v.tr.)
Le agradeceríamos tuviese a bien reconfirmarnos esta reserva a la mayor brevedad posible, por ser estas fechas muy difíciles para nosotros.

■ **référence (n.f.)**
referencia (n.f.)
En el papel de la carta, debajo de las referencias (N/refa) o (S/refa), se encuentra el asunto (l'affaire, l'objet).

■ **regretter (v.tr.) (avoir le regret de)**
sentir (v.tr.)
Siento comunicarle que la Hospedería del Monasterio está completa.

renseignements (n.m.pl.) (ou service, n.m., des)
información (n.f.) (o servicio, n.m., de informaciones)
"Información ¡Dígame! (j'écoute)".

répondeur-enregisteur (n.m.) automatique (appareil)
contestador-grabador (n.m.) automático (aparato)
El servicio de meteorología de la base aérea ha iniciado un nuevo servicio de información sobre el tiempo por medio de un contestador automático que funciona las 24 horas.

répondre (v.intr.)
contestar (v.tr. o intr.), responder (v.tr. o intr.)
Contestamos a su atta. del día 23 del pasado mes, en la que nos solicita cambio de fecha para su reserva.

■ **réponse (n.f.)**
contestación (n.f.) o respuesta (n.f.)
De ser conforme nuestra respuesta, le rogamos nos envíe alguna cantidad en depósito.

■ **salutations (n.f.pl.) (recevoir ou agréer des)**
saludos (n.m.pl.) (recibir saludos o saludar)
Reciba nuestros más cordiales saludos (sincères salutations)
En tanto tenemos el placer de recibirles en nuestro establecimiento, les saludamos atentamente (abreviatura: atte).

secrétaire (n.m. ou f.) - secrétariat (n.m.)
secretario (-a) (n.m. o f.), - secretaría (n.f.) (bureau: oficina), secretariado (n.m.) (fonction: cargo)
La secretaria del departamento de reserva es la encargada de la correspondencia en inglés y francés además del teléfono y telex.

télécopie (n.f.) (ou fax, n.m.)
telefax (n.m.), o fax (n.m.)
Previa petición las habitaciones del hotel disponen de un fax particular.

■ **télégramme (n.m.)**
telegrama (n.m.)
Se puede hacer llegar sus telegramas con carácter urgente por teléfono, télex o telefax.

■ **téléphone (n.m.)**
teléfono (n.m.)
La Secretaría general de Turismo ha puesto en práctica un teléfono de información turística de tarifa reducida para el usuario al que puede llamarse desde cualquier punto de España.

■ **téléphoner à (ville) ou en (pays)**
telefonear a (v.intr.), llamar por teléfono a (v.intr.), o poner una conferencia a (v.intr.)
Llamar por teléfono a Bélgica a cobro revertido (en PCV).

timbre-poste (n.m.)
sello (n.m.) (de correos) (amér.: estampilla n.f.)
Déme diez sellos para franquear postales para Francia.

5

ARTISANAT ET SOUVENIRS

Artesanía y artículos de recuerdo

■ **achat (n.m.)**
compra (n.f.)
Estos turistas italianos acuden sistemáticamente a la misma tienda dedicada al artículo de recuerdo para efectuar compras.

■ **acheter (v.tr.)**
comprar (v.tr.)
Enfrente del Prado (Madrid) cómprese un cartel de toros con su nombre impreso.

■ **article (n.m.)**
artículo (n.m.)
Abanicos, mantillas, muñecas andaluzas, mantones y objetos con alegorías configuran el consabido espectro de los artículos de recuerdo comprados por los turistas.

■ **artisan (n.m.)**
artesano (-a) (n.m. o f.)
Los artesanos mantienen vivas las artes populares.

artisanal (-e) (adj.)
artesanal (adj.)
Manises y Paterna (Valencia), famosas por su producción ceramista ya desde la Edad Media, son herederas de antiguas tradiciones artesanales.

■ **artisanat (n.m.)**
artesanía (n.f.)
En toda la ciudad de Granada, se ofrecen muestras de artesanía local y provincial: maderas trabajadas, guitarras y castañuelas elaboradas a vista del público, tules y sedas bordados, alfombras, faroles moriscos (mauresques) de latón, cueros repujados y objetos de esparto.

atelier (n.m.)
taller (n.m.)
En su taller, el artesano trabaja en silencio el hierro, el acero, el boj (buis) y la madera de brezo (bruyère).

babiole (n.f.)
chuchería (n.f.), baratija (n.f.) o fruslería (n.f.)

Con sus baratijas este bazar satisface plenamente los gustos de sus compradores.

bijou (n.m.)
joya (n.f.)
En el capítulo de las joyas los artesanos toledanos son insuperables en el damasquinado cuya técnica consiste en la incrustación del oro y la plata en materiales como el hierro, el bronce, el cobre o el acero.

■ **bois (n.m.) sculpté**
madera (n.f.) tallada
Si le interesa la madera tallada, tendrá la oportunidad de encontrar a buenos tallistas en Guipúzcoa, que han trabajado siempre muy bien la madera.

■ **bon marché (adj.)**
barato (-a) (adj.)
Esta joya de bisutería (bijou de fantaisie) no es nada barata.

boutique (n.f.) de mode
boutique (n.f.) o tienda (n.f.) de moda
En las tiendas de moda de este centro comercial encontrará lo más actual en confección para toda la familia, desde el sport o el vestir más elegante, hasta la línea más vanguardista de sus boutiques internacionales.

■ **broderie (n.f.)**
bordado (n.m.)
La tradición de bordados es generosa en toda la Mancha. Los bordados finísimos de Lagartera son únicos, irrepetibles y mundialmente valorados.

■ **cadeau (n.m.)**
regalo (n.m.)
Para mí, el mejor de los regalos sería una guitarra hecha a mano en Toledo.

centre (n.m.) commercial
centro (n.m.) comercial
El centro comercial le ofrece a unos precios excepcionales el más completo surtido de productos artesanales tales como el mazapán toledano, el queso manchego y los dulces de Almansa.

■ **céramique (n.f.)**
cerámica (n.f.)
En la escuela de cerámica de Avilés (Asturias) se enseña, junto con la alfarería tradicional, la cerámica actual con las más depuradas técnicas del gres y los esmaltes (émaux).

■ **cher (-ère) (adj.)**
caro (-a) (adj.)
Este espejo de plata es carísimo.

■ **commerçant (-e) (n.m. ou f.)**
comerciante (n.m. o f.)
Desde diciembre hasta febrero los comerciantes tienen a disposición del público los juguetes y, una vez trancurridos estos meses, reponen el artículo de recuerdo.

■ **coûter (v.intr.)**
valer (v.intr.), costar (v.intr.) o salir (v.intr.)
¿Qué cuesta esta guitarra? ¿Por cuánto sale este botijo?

couturier (n.m.)
modista (n.m.) o modisto (n.m.,barbarismo muy empleado)
Merecen una mención aparte los modistos y diseñadores afincados en Ibiza que crean colecciones confeccionadas a mano basadas en las tradiciones populares baleares con tejidos de producción artesanal.

■ **cuir (n.m.) de Cordoue**
cordobán (n.m.) (cuero de Córdoba)
Córdoba es famosa por sus "cordobanes", cuero repujado (repoussé) y policromado (polychromé) de ascendencia árabe.

■ **dentelle (n.f.) (aux fuseaux)**
encaje (n.m.) (de bolillos o palillos)
Las encajeras de Camariñas (Galicia) siguen moviendo magistralmente los bolillos para realizar delicadas labores de encaje.

essayer (v.tr.)
probar (v.tr. o pr.)
Prúebese este traje, ya verá qué bien le queda.

éventail (n.m.)
abanico (n.m.)
Abanicos y mantones son artículos solicitados por los turistas y fáciles de encontrar.

faïence (n.f.)
loza (n.f.)
La cerámica talaverana (de Talavera) se limitó siempre a la producción de la loza, o sea, al empleo del barro común, la arcilla.

■ **grands magasins (n.m.pl.)**
grandes almacenes (n.m.pl.)
Los grandes almacenes tienen servicios pensados para hacer más fáciles sus compras: servicio de intérpretes, cambio de moneda extranjera, peluquerías y revelado (développement) rápido de fotos.

■ **magasin (n.m.) (ou boutique, n.f.)**
tienda (n.f.)
Todas las localidades españolas con algún interés turístico cuentan con un buen número de tiendas dedicadas al artículo de recuerdo.

marchandage (n.m.)
regateo (n.m.)
En el zoco (souk) de Tánger conozco una tienda fascinante llena de perfumes, alfombras, cerámica, bronces y otros productos típicos de Marruecos que admiten todo tipo de regateos.

■ **marchander (v.tr.)**
regatear (v.tr.)
Regatear un objeto con paciencia, con tiempo, es un juego, una costumbre.

■ **marché (n.m.)**
mercado (n.m.) o plaza (n.f.) (pour les marchés installés sur une place)
El mercado es un lugar cuya visita debe ser recomendada a todo turista que quiera comprender algo de la manera de ser del carácter de los nativos del país.

■ **mode (n.f.) (à la)**
moda (n.f.) (de)
Este modelo (modèle) está de moda.

montrer (v.tr.)
enseñar (v.tr.)
Voy a enseñarle una camisa que haga juego (qui aille avec) con el pantalón.

osier (n.m.)
mimbre (n.m.)
La provincia de Cuenca produce en abundancia el mimbre, habitualmente exportado en bruto para su elaboración en otras zonas españolas.

perle (n.f.) ("majorica")
perla (n.f.) ("majórica")
En el interior de Mallorca, Manacor es conocida por sus fábricas de perlas artificiales.

poterie (n.f.)
vasija (n.f.) de barro (récipient en terre)
En las alfarerías (ateliers de poterie) de la región de Bailén se fabrican cacharros, es decir, vasijas de barro para usos domésticos, tales como orzas (pots) o tinajas (jarres).

■ **prix (n.m.)**
precio (n.m.)
¿Cuál es el precio de este candelabro? - no es nada exorbitante, es una ganga (une affaire).

■ **qualité (n.f.)**
calidad (n.f.)
De primera o segunda calidad.

■ **rabais (n.m.) (remise, n.f.)**
rebaja (n.f.) (descuento n.m.)
Actualmente se concede un descuento del 5% en nuestros departamentos especializados en perfumería, cosmética, discos, deportes e informática.

rayon (n.m.)
sección (n.f.)
En ciertos grandes almacenes de Madrid se ha establecido un departamento "Disney" cuyas secciones ofrecen al público entre los 0 a 18 años todos los productos imaginables: ropa infantil, juguetes, discos, libros y videos.

■ **soldes (n.f.pl.)**
rebajas (n.f.pl.)
Muchas mujeres reducen el período de las compras a la época de las rebajas.

■ **souvenir (n.m.)**
recuerdo (n.m.)
El negocio de los recuerdos comenzó su andadura en España en los años 60, coincidiendo con la explosión del turismo.

■ **vendre (v.tr.)**
vender (v.tr.)
El dependiente (vendeur) quiere vender algo sea como sea (à tout prix).

■ **vitrine (n.f.) (sur la rue)**
escaparate (amér.: vidriera o vitrina)
En estos dos escaparates, todo atrae la vista y pica la curiosidad: muñecas (poupées), vidrios artísticos, tejidos de moda, tapices (tapisseries), alfombras (tapis) esteras (nattes), bolsos (sacs) y mantones (châles).

HÔTELLERIE - RESTAURATION - CUISINE
Hostelería - Restauración - Cocina

1
L'HEBERGEMENT
El hospedaje

A
SERVICES HÔTELIERS
Servicios hoteleros

admettre (v.tr.)
admitir (v.tr.)
No todos los hoteles admiten animales domésticos, por lo que se ruega que indiquen en el momento de hacer la reserva si piensan venir acompañados de algún animal.

animaux admis
animales admitidos

animaux non admis
animales no admitidos

aération (n.f.)
ventilación (n.f.)

air (n.m.) conditionné
aire (n.m.) acondicionado
Todas las habitaciones disponen de aire acondicionado.

ambiance (n.f.) (atmosphère, n.f.)
ambiente (n.m.) (atmósfera, n.f.)
Jardines y palmeras rodean la piscina y también están presentes en los pasillos y patios interiores, que dotan al hotel de un ambiente cálido.

animation (n.f.)
animación (n.f.)
La animación turística es un servicio cada vez más personalizado en los hoteles vacacionales.

appareil (n.m.) sanitaire
aparato (n.m.) sanitario
Aunque todo lo que hay en un cuarto de baño es importante, se pueden considerar más susceptibles de una revisión los aparatos sanitarios y en particular el bidé (bidet) y el inodoro (water-closet).

ascenseur (n.m.)
ascensor (n.m.)

■ **auberge (n.f.)**
albergue (n.m.)
Situados en las principales vías de comunicación, los albergues de carretera ofrecían en estancias limitadas a 48 horas, reposo a los viajeros que recorrían el país usando medios de transporte propios.
hospedería (n.f.)
El monasterio de Guadalupe (Extremadura) ofrece a las numerosas personas que lo visitan su propia hospedería regentada por monjes franciscanos.
posada (n.f.) (petit hôtel simple et rustique, anciennement: hôtellerie)

aubergiste (n.m. ou f.)
posadero (-a) (n.m. o f.)

■ **bagagiste (n.m.)**
maletero (n.m.) o mozo (n.m.) de equipajes

baby-sitter (n.f.) (garde d'enfants)
canguro (n.m.)
El hotel dispone de servicios de canguro.

■ **bienvenue (n.f.) (souhaiter la)**
bienvenida (n.f.) (dar la)
En el momento de la llegada, el Director o Jefe de Recepción da la bienvenida a los grupos que requieren una acogida especializada.

buanderie (n.f.) (blanchisserie, n.f.)
lavandería (n.f.)
La lavandería tiene como función principal el lavado y planchado de la ropa del hotel y normalmente la de los clientes.

caisse (n.f.)
caja (n.f.)
La caja de recepción tiene como actividades el cobro de anticipos y facturas, la apertura y cierre de cofres de seguridad o caja fuerte, el cambio de divisas.

■ **caissier (n.m.)**
cajero (n.m.)
Es misión del cajero el control y cobro de facturas.

capacité (n.f.) (contenance, n.f.)
cabida (n.f.)
Este salón de reuniones tiene cabida para doscientas personas.

■ **capacité (n.f.) hôtelière**
capacidad (n.f.) hotelera
La capacidad hotelera se caracteriza por el número de plazas de alojamiento en hoteles y asimilados que constituyen la oferta de una localidad, región o país.

cardex (n.m.)
cardex (n.m.)
El cardex es una ficha manual o informática eminentemente comercial en la que se recoge la mayor información posible de los huéspedes, así como de todo tipo de intermediarios y de cualquier fuente de reservas.

central (-e) (adj.)
céntrico (-a) (adj.)
El hotel tiene una situación céntrica y próxima a los accesos (aeropuerto, estaciones, autopistas, etc.).

■ **chaîne (n.f.) hôtelière**
cadena (n.f.) hotelera
En un hotel de cadena, el trato con el cliente es muy a menudo estandardizado, poco familiar.
red (n.f.) (réseau)
Los establecimientos de la red de Paradores del Estado, como las "Pousadas" portuguesas, suelen ocupar edificios de valor artístico o ambiental.

■ **chambre (n.f.)**
habitación (n.f.)
Todas las habitaciones disponen de baño (salle de bains), teléfono, TV color, vídeo, TV vía satélite, minibar y caja fuerte (coffre-fort).

chambre pour une personne
habitación individual

chambre double, pour deux personnes
habitación doble

chambre triple, pour trois personnes
habitación triple

chambres communicantes
habitaciones que comunican o comunicadas

chambre avec vue sur la rue, sur la cour
habitación con vistas a la calle, al patio

chambre affectée, en travaux, libre, louable, occupée, réservée
habitación asignada, bloqueada, libre, alquilable, ocupada, reservada

faire la chambre
arreglar la habitación
¡Por favor, arreglen la habitación!

■ **chasseur (n.m.) (groom)**
botones (n.m.inv.)
En los grandes hoteles, se debe enseñar a un botones a responder a las preguntas que un cliente le puede hacer mientras lo conduce a su habitación.

chauffage (n.m.) (central)
calefacción (n.f.) (central)

■ **classement (n.m.) (par catégories d'hôtels)**
clasificación (n.f.) (por categorías de hoteles)
El Real Decreto 1634/1983 del 15 de junio, por el que se establecen las normas de clasificación de los establecimientos, constituye la actual reglamentación.

■ **client (-e) (n.m. ou f.)**
cliente (n.m. o f.), clienta (n.f.)
Las clientas que duermen en hoteles por motivos profesionales valoran los detalles en la decoración, las atenciones especiales como productos de belleza, flores en el baño, revistas para público femenino.

client de passage
cliente de paso

client habitué
cliente habitual, asiduo o repetitivo

■ **clientèle (n.f.)**
clientela (n.f.)

climatisation (n.f.)
climatización (n.f.) o aire (n.m.) climatizado

complet (adj.)
completo (adj.)
Colgar el cartel de "completo".

complexe (n.m.) hôtelier
complejo (n.m.) hotelero
El complejo hotelero, formado por un hotel de cuatro estrellas, un palacio de congresos y un centro de convenciones, abrirá sus puertas en abril.

■ **concierge (n.m.)**
conserje (n.m.)
El conserje mantiene las relaciones humanas más directas con el cliente.

conciergerie (n.f.)
conserjería (n.f.)
Al departamento de conserjería corresponde la responsabilidad de la información relacionada con el exterior.

■ **confirmation (n.f.) (d'une réservation)**
confirmación (n.f.) (de una reserva)
Le quedaríamos muy agradecidos si Vd. pudiese enviar un depósito a la vez que una confirmación definitiva.

confort (n.m.)
confort (n.m.)
Las habitaciones del Parador ofrecen un confort en sintonía con su decoración medieval.

confortable (adj.)
confortable (adj.)
Este edificio noble del siglo XVIII ha sido transformado en una confortable mansión solariega (demeure seigneuriale).

couverture (faire la)
cobertura (hacer la)
Hacer la cobertura significa preparar la habitación para la noche, es decir, entre otras cosas, descubrir la cama.

■ **déjeuner (n.m.) (petit)**
desayuno (n.m.)
El desayuno continental consta de café o té, zumos y tostadas (toasts) o bollos de leche (petits pains au lait ou brioches).

■ **déjeuner (v.intr.) (prendre le petit déjeuner)**
desayunar (v.intr.)

délogement (n.m.)
cambio (n.m.) de habitación
Para acceder a la petición de un cliente que desea cambiar de habitación se redacta un parte (orden de servicio) de

cambio de habitación que recorrerá todos los departamentos.

■ **demande (n.f.)**
petición (n.f.)
A petición del cliente hemos reservado una habitación triple.
solicitud (n.f.)
El volumen de solicitudes, que es de 40.000 reservas diarias, no puede ser atendido mediante sistemas convencionales como el teléfono o el telefax.

■ **départ (n.m.) (des clients)**
salida (n.f.) (de los clientes)
Las formalidades de salida se efectúan normalmente antes de las 12 horas de cada día.

déranger (v.tr.)
molestar (v.tr.)
Cuando la habitación tiene el cartel de "no molestar", no se debe molestar al cliente bajo ningún concepto a no ser por un caso urgente.

■ **descendre (v.intr.) (à l'hôtel)**
alojarse (v. pr.), hospedarse (v. pr.) o parar (v.intr.) (en un hotel)

diriger (v.tr.)
regentar (v.tr.)
Regentar un hotel.

■ **emplacement (n.m.) (situation)**
emplazamiento (n.m.) (ubicación, n.f.)
El emplazamiento del hotel en un lugar tranquilo y bien comunicado y sus amplias instalaciones lo convierten en el alojamiento ideal para pasar unas tranquilas vacaciones.

■ **entrée (n.f.) (formalités de réception du client)**
entrada (n.f.)
Se denomina entrada al hecho consistente en registrarse un cliente en el hotel, es decir que, cuando cumplimenta los impresos correspondientes a su registro, se le otorga una habitación de acuerdo con su demanda.

entretien (n.m.) (nettoyage, n.m.)
limpieza (n.f.)

entretien (n.m.) (maintenance, n.f.)
mantenimiento (n.m.)
El jefe de mantenimiento tiene a su cargo un personal polivalente capaz de ser experto en varios trabajos de albañilería, fontanería, carpintería, jardinería y electricidad.

établissement (n.m.)
establecimiento (n.m.)

établissement hôtelier
establecimiento hotelero

établissements n'appartenant pas à l'hôtellerie
establecimientos extrahoteleros
Las Oficinas de Turismo facilitan informaciones diversas sobre establecimientos extrahoteleros.

■ **étage (n.m.)**
piso (n.m.)
Para los hoteles de cuatro y cinco estrellas el servicio de restaurante en pisos está atendido por un mayordomo auxiliar o por los camareros y ayudantes necesarios.

service d'étage ("room service")
servicio de pisos o room service

planta (n.f.)
Le propongo una habitación doble en la primera o segunda planta.

étage du bas
planta de abajo o planta baja

étage du haut (supérieur)
planta de arriba (superior) o planta alta

dernier étage (au)
última planta (en la)

■ **étoile (n.f.)**
estrella (n.f.)
Un hotel de 3 estrellas.

■ **facturation (n.f.)**
facturación (n.f.)
La facturación comprende todo el proceso de valoración y confección de vales (bons) de los departamentos respectivos; es decir el proceso comienza desde que se toma la comanda al cliente y finaliza con el cuadro de liquidación.

■ **facture (n.f.) (note)**
factura (n.f.)
En el caso de largas estancias, las facturas se presentan al cobro por semanas vencidas, generalmente, abriéndose una nueva factura con traslado de saldos.

facturer (v.tr.)
facturar (v.tr.)

■ **femme (n.f.) de chambre**
camarera (n.f.)
Para entrar en las habitaciones la camarera se sirve de una llave maestra (un passe) que abre la puerta de todas las habitaciones del piso.

fermeture (n.f.) (d'un établissement)
cierre (n.m.) (de un establecimiento)
Se anuncia el cierre de 176 hoteles en Baleares por el mal estado de sus instalaciones (la mayoría son hostales, fondas, casas de huéspedes y hoteles de una estrella).

fermeture (n.f.) (d'une porte de chambre)
cerradura (n.f.) (de una puerta de habitación)
La cerradura por tarjeta de banda magnética elimina el control de llaves en recepción.

fiche (n.f.) de police
ficha (n.f.) de policía

remplir une fiche de police
rellenar una ficha de policía
En España, el viajero ha de someterse al rito de tener que rellenar una ficha de policía con todos sus datos o permitir que se la rellene cualquier empleado del hotel, para lo cual tendrá que dejarle el DNI (carte d'identité) o el pasaporte.

■ **franchisage (n.m.) (improprement: franchise, n.f.)**
franquicia (n.f.)
La franquicia es un método de distribución o comercialización por el que una empresa, el franquiciador (franchiseur), concede bajo contrato a un individuo u otra empresa, el franquiciado (franchisé), permiso para establecer un negocio de una forma preestablecida en un territorio determinado y durante un periodo de tiempo.

fréquentation (n.f.)
frecuentación (n.f.)
Compañías mayoristas contratan una cierta capacidad en los hoteles, un concreto sistema de transporte y aseguran una frecuentación periódica.

■ **garage (n.m.) (collectif avec plusieurs places de stationnement)**
garaje (n.m.)

garage surveillé, payant
garaje vigilado, de pago

garçon (n.m.) d'étage
ayuda (n.m.) de cámara

■ **gérer (v.tr.)**
gestionar (v.tr.)
Un 90 por ciento de los hoteles de cinco estrellas ya disponen de un sistema informático integrado con el que gestionan y controlan la buena marcha del establecimiento.

■ **gouvernante (n.f.)**
gobernanta (n.f.)
La gobernanta, pieza clave en la macroestructura del hotel, asesora y controla a las camareras.

hall (n.m.)
hall (n.m.)
En el hall del hotel se hallan situadas varias tiendas y una agencia de viajes.

■ **hébergement (n.m.)**
alojamiento (n.m.) (logement)
El sector hotelero da réplica a las necesidades de alojamiento que la demanda turística exige.

catégorie d'hébergement
categoría de alojamiento

albergue (n.m.)
En los países desarrollados, la función de albergue de los hoteles no se circunscribe únicamente al ámbito turístico.

hospedaje (n.m.)
Hoy en día el hotel ha superado la forma tradicional de hospedaje y comida, ofreciendo conciertos, exposiciones, semanas gastronómicas, etc.

■ **héberger (v.tr.)**
albergar (v.tr.)
alojar (v.tr.)
hospedar (v.tr.)

hostellerie (n.f.)
hospedería (n.f.)
Las hospederías son establecimientos de calidad que respetan el medio ambiente y se encuentran en entornos rurales.

■ **hôtel (n.m.)**
hotel (n.m)
Los hoteles familiares forman cuantitativamente la oferta turística más importante de España.

hôtel de charme
hotel con encanto
Existen en el interior de España unos 300 pequeños hoteles con encanto seleccionados en una guía por su carácter, atención, ambiente, historia, arquitectura y cocina.

hôtel sans restaurant
hotel-residencia u hostal-residencia
El hotel-residencia no tiene restaurante, sólo cafetería para desayunos y platos rápidos.

hôtel non classé tourisme (dit: de préfecture)
hostal (n.m.)
El hostal, que es una figura típica de la hostelería madrileña, representa una categoría no contemplada en el Real Decreto 1634 del 15 de junio 1983 y tiene instalaciones y servicios inferiores a los hoteles.

■ **hôtelier (-ère) (adj.)**
hotelero (-a) (adj.) (relatif à un "hotel")
La segmentación hotelera que va desde la gran hotelería de lujo a hoteles funcionales de dos y tres estrellas ofrece la posibilidad de alojarse y alimentarse en los hoteles madrileños con la máxima calidad y confort.

Industrie hôtelière (au sens large)
industria hotelera u hostelería (en general)

hostelero (-a) (adj.) (relatif à l'hôtellerie ou à un "hostal" ou une "hostería")
Cerca de 300.000 establecimientos hosteleros -bares, restaurantes y cafeterías- hacen de la restauración un sector clave en la economía española.

■ **hôtelier (n.m.)**
hotelero (n.m.)
En España, "Zontur" es una asociación que agrupa gran número de hoteleros de playa.

hostelero (n.m.)
El hostelero es una persona que tiene a su cargo un hostal u hostería.

■ **hôtellerie (n.f.)**
hostelería (n.f)
Las cadenas de restauración moderna en España es el sector más dinámico de la hostelería.
hotelería (n.f)
Desde la Asociación empresarial de hoteles de Madrid se constata que la situación actual de la hotelería madrileña es francamente buena.

infrastructure (n.f.) hôtelière
infraestructura (n.f.) hotelera
Badajoz cuenta con la aportación (apport, contribution) de ciudades cercanas para disponer de una infraestructura que haga posible la estancia de cuantos congresistas se den cita en IFEBA (institución ferial de Badajoz).

installation (n.f.) (des clients)
acomodación (n.f.) (de los clientes)

installations (n.f.pl.) (de l'hôtel)
instalaciones (n.f.pl.) (del hotel)
Los hoteles de ciudad, que han realizado un gran esfuerzo inversor para renovar y poner al día sus instalaciones, son plenamente competitivos y siguen ocupando un lugar destacado en el concierto mundial.

moderniser les installations
modernizar las instalaciones

lavabo (n.m.)
lavabo (n.m.) o lavamanos (n.m.)

lavabos (n.m.pl.)
aseos (n.m.pl.) o servicios (n.m.pl.)

lave-mains (n.m.inv.)
lavamanos (n.m.)

lingerie (n.f.)
lencería (n.f.)
La encargada de Lavandería y Lencería tiene bajo sus órdenes directas a las lenceras, costureras, planchadoras y lavanderas.

■ **lit (n.m.)**
cama (n.f.)

lit simple, d'une personne, à une place
cama individual o cama sencilla

lit double, à deux places, ou grand lit
cama doble o cama de matrimonio

lits séparés, jumeaux
camas separadas

lit supplémentaire
cama supletoria o cama extra

lit-cage ou pliant
cama plegable

livre (n.m.) d'or
libro (n.m.) de oro
En el libro de oro las palabras que anteceden a sus firmas son elocuentes y expresan el agrado por la atención recibida.

■ **logement (n.m.)**
alojamiento (n.m.)
El verano del año pasado padecimos en Kenia alojamientos de inferior categoría a la contratada.
albergue (n.m.) (hébergement)
El progreso del nivel de vida favorece los desplazamientos de fin de semana o de pequeñas vacaciones y el albergue fuera del lugar habitual de residencia.
vivienda (n.f.) (l'habitation)

■ **loger (v.tr.) (quelqu'un)**
alojar (v.tr.) (a alguien) o dar (v.tr.) alojamiento (a alguien)

loger à (v.intr.) ou se loger (v.pr.)
alojarse (v.pr.) en o hospedarse (v.pr.) en
Alojarse en un hostal.

■ **luxe (n.m.)**
lujo (n.m.)
En España, un hotel de lujo es un hotel de cinco estrellas.

■ **main (n.f.) courante**
mano-corriente (n.f.)
El nombre de mano-corriente procede del francés "main courante"; en castellano la palabra de "cuenta corriente" de los clientes parecería más lógica.

mégaphonie (n.f.)
megafonía (n.f.)
Normalmente el servicio de megafonía, que permite localizar a un cliente, se encuentra instalado al lado de la centralita de teléfonos y suele estar conectado al hilo musical del hotel.

■ **motel (n.m.)**
motel (n.m.) u hotel de carretera (n.m.)

■ **note (n.f.) (facture)**
factura (n.f.)
En la factura figura una nota en varios idiomas, por la que se informa a los clientes que los precios son globales y que en los mismos están incluidos los impuestos, tasas y servicios, con la única salvedad del IVA (Impuesto sobre el Valor Añadido) que podría ir aparte.

■ **nuit (n.f.)**
noche (n.f.)
Trabajar por la noche.

passer la nuit à (coucher à) (nom de l'endroit)
pernoctar (v.intr) en (nombre del lugar)
El Parador constituye una encantadora forma de pernoctar.

■ **nuitée (n.f.)**
pernoctación (n.f.) (o noche ocupada)
Las pernoctaciones (o las noches ocupadas) de los turistas extranjeros han disminuido debido a las características de la relación calidad/precio del producto ofertado.

occupation (n.f.) annuelle (niveau moyen d')
ocupación (n.f.) anual (nivel medio de)
Los establecimientos cerrados no son tenidos en cuenta para establecer el índice de ocupación (le coefficient d'occupation), que representa el índice de uso de las instalaciones y se calcula en razón de las pernoctaciones (nuitées) comparativamente al número de plazas en los hoteles que abren.

pourcentage (taux) d'occupation
porcentaje (tasa) de ocupación
Ante la presión de los tour-operadores y el temor a perder los necesarios porcentajes de ocupación, los hoteles de playa se han llegado a ofertar plazas a precios iguales y hasta inferiores a los de coste.

■ **offre (n.f.)**
oferta (n.f.)
El turismo vacacional ha entrado en una fase de recesión, que ha coincidido con un fuerte desarrollo de la oferta hotelera y, sobre todo, extrahotelera (parahôtelière).

ouverture (n.f.) (d'un établissement)
apertura (n.f.) (de un establecimiento)

palace (n.m.) (hotel de grand luxe)
palace (n.m.) (hotel de gran lujo)
La agencia de viajes ha montado un sistema de estancia en Mónaco con habitaciones en alguno de los maravillosos palaces que hacían las delicias de los grandes duques rusos.

panier-repas (n.m.)
bolsa (n.f.) de comida

Cuando los clientes del hotel van de excursión pueden solicitar una bolsa de comida el día anterior.

■ **parador (n.m.)**
parador (n.m.)
Los paradores, vinculados al Estado por recaer su gestión o explotación en manos de la Administración, son por lo general inmuebles de importancia histórica, monumental o artística o bien edificios de construcción típica regional.

parc (n.m.) hôtelier
planta (n.f.) hotelera
La planta hotelera de la ciudad es moderna y ofrece una magnífica relación (rapport) calidad/precio.

■ **pension (n.f.)**
pensión (n.f.)
Según la definición de la actual reglamentación, constituyen pensiones los establecimientos que no reúnan las condiciones del grupo hoteles. Están divididos en dos categorías, identificadas por estrellas. Estos establecimientos facilitan hospedaje habitualmente en régimen de pensión completa.

pension complète
pensión completa
La pensión completa es la suma del alojamiento y pensión alimenticia.

demi-pension
media pensión
La media pensión incluye el alojamiento, el desayuno y una de las dos comidas, el almuerzo o la cena.

pension (n.f.) de famille
casa (n.f.) de huéspedes

■ **portier (n.m.)**
portero (n.m.)
Delante del hotel, el portero monta guardia con su uniforme y sus guantes blancos, atendiendo a los clientes, abriendo la puerta de los automóviles, buscando un taxi ...

■ **prix (n.m.)**
precio (n.m.)
Los precios son por persona y día en habitación doble.

liste des prix
lista de precios

produits (n.m.pl.) de bienvenue (ou d'accueil)
detalles (n.m.pl.) de acogida
Los detalles de acogida (caramelos, champú, peine, cajetilla de cerillas, aguja e hilo, gorro para ducha, zapatillas) responden a los estandares de calidad de un cuatro estrellas y encantan a los clientes.

■ **prolongation (n.f.)**
prolongación (n.f.)
La prolongación de la estancia.

questionnaire (n.m.)
cuestionario (n.m.)
Al finalizar su estancia, el cliente cumplimenta el cuestionario que sirve a la empresa para valorar el grado de satisfacción del huésped.

■ **réception (n.f.)**
recepción (n.f.)
La recepción tiene cuatro funciones netamente diferenciales: reservas, mostrador (comptoir), mano-corriente y caja.

■ **réceptionniste (n.m. ou f.)**
recepcionista (n.m. o f.)

réhabilitation (n.f.) (restauration)
remodelación (n.f.) (restauración)
Se ha terminado la remodelación total de las habitaciones.

relais (n.m.) routier
albergue (n.m.) de carretera

■ **réservation (n.f.)**
reserva (n.f.)

La cadena hotelera registra un crecimiento del número de reservas realizadas a través de Internet y del número de navegadores que visitan la página de Internet de la cadena.

fiche de réservations
hoja de reservas
La hoja de reservas es un documento imprescindible por recoger las solicitudes del cliente y la información necesaria para una buena gestión.

annuler une réservation
anular o cancelar una reserva

confirmer ou prolonger une réservation
confirmar o prolongar una reserva

enregistrer une réservation
registrar una reserva

prendre une réservation
tomar o recoger una reserva

résidence (n.f.) hôtelière ou de tourisme
hotel-apartamentos (n.m.) o apartahotel (n.m.)
Los hoteles-apartamentos son recintos casi familiares: en ellos se alquilan pisos amueblados por día, semana o mes y se ofrecen servicios complementarios hoteleros (ropa blanca, lavado, bar, restaurante).

■ **retenir (v.tr.) ou réserver (v.tr.)**
reservar (v.tr.)
Es preciso reservar una habitación con varios días de anticipación.

réveille-matin (n.m.)
despertador (n.m.)

réveil (n.m.) par téléphone
despertador (n.m.) telefónico

au réveil
al despertarse

réveiller (v.tr.)
despertar (v.tr., intr. o pr.)
Despiérteme a las siete.

■ **saison (n.f.)**
estación (n.f.) o temporada (n.f.)

la haute ou basse saison (ou saison creuse)
la estación (o la temporada) alta o baja

la morte-saison
la temporada calma o de poca venta

hors saison (tarif)
de fuera de temporada (tarifa)

■ **salle (n.f.) de bains**
cuarto (n.m.) de baño o baño (n.m.)
El cuarto de baño dispone de bañera, cabina de ducha, lavabo, bidé y secador de pelo.

salle de bains entièrement équipée
baño completo

salle de bains particulière (dans chaque chambre)
baño privado (en cada habitación)

salle de bains commune
baño a compartir

salle (n.f.) de congrès
sala (n.f.) de congresos
El hotel tiene un salón de congresos con capacidad máxima de 180 plazas.

salle (n.f.) de réunions
salón (n.m.) de reuniones
El hotel dispone de un salón de reuniones equipado con modernos medios audiovisuales para celebrar congresos, seminarios y workshops.

savonnette (n.f.)
pastilla (n.f.) de jabón

■ **séjour (n.m.)**
estancia (n.f.)
Vamos a ampliar la gama de servicios que se pueden ofrecer a nuestros clientes para que disfruten totalmente de su estancia.

avancer, différer ou prolonger un séjour
adelantar, aplazar o prolongar una estancia

■ **situation (n.f.) (emplacement)**
ubicación (n.f.) o situación (n.f.)
La ubicación del hotel es idónea para tomar contacto con la ciudad.

■ **standardiste (n.m. ou f.)**
telefonista (n.m. o f.)
En la centralita telefónica (le standard), la telefonista atiende las llamadas internas y externas para los huéspedes y jefes de servicio, facilitando la comunicación interna, hacia y desde el exterior.

suite (n.f.)
suite (n.f.)
El hotel Ritz en Madrid dispone de suites con vistas al Museo del Prado.

■ **surbooking (n.m., anglais: overbooking) (suroffre, surréservation, n.f., réservation en surnombre)**
sobreventa (n.f.) o sobrecontratación (n.f.)
La sobrecontratación es una práctica bastante habitual de los hoteles que consiste en vender hasta un 10 por ciento más para cubrirse por la no presentación de algunos clientes.

surveillance (n.f.)
vigilancia (n.f.)
En ciertos hoteles de categoría superior, se suele contratar con empresas especializadas el servicio de vigilancia del vestíbulo y los salones.

■ **toilettes (n.f.pl.)**
aseos (n.m.pl.) o servicios (n.m.pl.)
¿Dónde están los aseos, por favor? - en el fondo de la sala.

toilettes des dames, toilettes des messieurs
aseo (n.m.sing.) señoras, aseo (n.m.sing.) caballeros (sobrentendiéndose: cuarto de aseo de señoras o de caballeros)

tradition (n.f.) hôtelière
tradición (n.f.) hotelera
Lo importante es continuar la tradición hotelera de atención directa al cliente, de forma personalizada, que es la mejor garantía de un buen servicio.

uniforme (n.m.)
uniforme (n.m.)
Los empleados tienen uniformes modernos en línea con la filosofía de la cadena hotelera que desea actualizar el anquilosado vestir de los hoteles.

■ **veilleur (n.m.) de nuit**
vigilante (n.m.) de noche
El vigilante de noche cuida durante la noche de la vigilancia y servicio del establecimiento.

villégiature (n.f.)
temporada (n.f.)
Pasar una temporada (o estar de temporada) en el campo, en la sierra o en el mar.

vue (n.f.)
vista (n.f.)
Tener una vista magnífica al mar.

avec vue sur
con vistas a
Preferimos las habitaciones impares con vistas a la catedral.

à perte de vue
hasta perderse de vista

B

CAMPING
Camping

barbecue (n.m.)
barbacoa (n.f.)
La barbacoa, en plena campiña cordobesa, resultó inolvidable.

■ **camper (v.tr.)**
acampar (v.tr.)
La práctica de acampar es típica de todas las personas amantes de la naturaleza.

■ **campeur (n.m.)**
campista (n.m.) o acampado (n.m.)
El campista es un buen cuidador de la naturaleza.

■ **camping (n.m.) (activité ou terrain)**
camping o cámping (n.m.), o campamento (n.m.) (actividad o terreno)
acampada (n.f.) o campismo (n.m.) (actividad)
Estos jóvenes gallegos en edad escolar pasan unos días en una granja de ganado caprino en régimen de campamento.

faire du camping
hacer camping o campismo

terrain de camping
camping o terreno de acampada
Habilitar terrenos de acampada o permitir la instalación de un terreno de acampada con emplazamientos limitados.

camping touristique (en terrain équipé)
camping turístico (en terreno equipado)
En España, el camping turístico está reglamentado y clasificado en cuatro categorías (lujo, 1a, 2a y 3a).

camping à la ferme
camping en finca, camping en explotación agraria, o (en Andalucía) cortijo-camping
La oferta de los socios de la Red Andaluza de Alojamientos Rurales (RAAR) incluye también albergues y el cortijo-camping (áreas de acampada en explotaciones agrarias).

camping sauvage
acampada libre o salvaje
La acampada salvaje, mal grave del turismo gallego, es motivo de preocupación para las autoridades autonómicas (muchas veces la acampada negligente desemboca en incendios salvajes).

■ **camping-car (n.m.)**
autocaravana (n.f.)
La autocaravana es una casa rodante que ha propiciado el turismo masivo individual.

■ **caravane (n.f.)**
caravana (n.f.)
A caballo entre la casita de cámping y la tienda de campaña, la caravana cuenta con más adeptos especialmente entre familias con niños.

caravaning (n.m.)
caravaning (n.m.)
Los aficionados al caravaning no necesitan de los medios habituales de alojamiento, pero participan de la demanda de terrenos de camping.

matériel (n.m.)
material (n.m.)
Obtener información acerca del material necesario.

remorque (n.f.)
remolque (n.m.)

sac (n.m.) de couchage
saco (n.m.) de dormir

tapis (n.m.) de sol
aislante (n.m.)
El aislante es una especie de colchón fino que se coloca debajo del saco de dormir para aislar de la humedad del suelo.

■ **tente (n.f.)**
tienda (n.f.) de campaña
Me gusta plantar la tienda de campaña en cualquier sitio con tal de no molestar ni ser molestado.

dresser ou plier une tente
armar o desmontar una tienda de campaña

village (n.m.) de toile
ciudad (n.f.) de lona

C

AUTRES MODES DE LOGEMENT
Otros alojamientos

■ **agence (n.f.) immobilière**
agencia (n.f.) inmobiliaria

aménager (v.tr.) (une maison)
acondicionar (v.tr.) (una casa)
Una estupenda casa de campo muy bien restaurada y acondicionada, inmersa en una gran finca de 48 hectáreas.
habilitar (v.tr.) (una casa)
Los interiores de la casa están muy bien habilitados con decoración y muebles rústicos de la zona.

annonces (n.f.pl.) (petites)
anuncios (n.m.pl.) (breves)
Examinar en los diarios de la mañana los anuncios breves: "inmobiliaria ventas" e "inmobiliaria alquileres".

appareils (n.m.pl.) électroménagers
electrodomésticos (n.m.pl.)
La casa dispone de todos los servicios y electrodomésticos.

■ **appartement (n.m.)**
apartamento (n.m.) o piso (n.m.)
Los extranjeros son los principales usuarios de los apartamentos turísticos y coinciden en su preferencia por las Islas Canarias y Andalucía.

appartement meublé
apartamento o piso (n.m.) amueblado

appartement témoin (ou: appartement modèle)
piso piloto (o: vivienda (n.f.) de muestra)

auberge (n.f.) de jeunesse
albergue (n.m.) de juventud o juvenil

■ **baignoire (n.f.)**
baño (n.m.), bañera (n.f.)

berceau (n.m.)
cuna (n.f.)
En la primera planta, la casa tiene una habitación con cuna de 1,5 metro.

bois (n.m.) de chauffage ou bois à brûler
leña (n.f.)
En el caso de que los huéspedes quieran utilizar las chimeneas existentes en la finca se abonará un pequeño suplemento por la leña utilizada.

bois mort ou sec
leña muerta o seca

menu bois ou petit bois
leña menuda

gros bois (ou bûche)
leño (n.m.)

feu de bois
fuego (n.m.) de leña

bungalow (n.m.)
bungalow (n.m.)
Los bungalows de dos personas disponen de un dormitorio con cama matrimonial, de un salón-comedor con cocina tipo americano y un gran baño con bañera y ducha separadas.

■ **cabinet (n.m.) de toilette**
cuarto de aseo (n.m.) o aseo (n.m.)

canapé-lit (n.m.)
sofá cama (n.m.)
El salón de estar dispone de un sofá cama.

canapé-lit à une place
sofá cama individual

canapé-lit à deux places
sofá cama doble, sofá cama para dos personas, sofá cama de dos plazas o sofá cama convertible en cama de matrimonio

capacité (n.f.) (d'hébergement)
capacidad (n.f.) (de alojamiento)
Los apartamentos son de varias capacidades: 2/4 y 4/6 personas

■ **caution (n.f.)**
fianza (n.f.)
Los propietarios suelen exigir a la entrada una fianza al cliente para subsanar posibles desperfectos.

dépôt d'une caution
depósito de una fianza
A la llegada, se suele pedir el depósito de una fianza.

cave (n.f.) ou sous-sol (n.m.)
sótano (n.m.)
En el sótano había una inmensa sala de juegos (salle de jeux).

■ **chambre (n.f.) à coucher**
dormitorio (n.m.)

chambre à un petit lit
dormitorio individual (abr.: ind.)

chambre à un grand lit
dormitorio matrimonial (abr.: matr.)

chambre pour deux personnes (à deux lits)
dormitorio doble (con dos camas) (abr.: dbl.)

chambre pour trois personnes
dormitorio triple

chambre pour quatre personnes
dormitorio cuádruple

■ **chambre (n.f.) d'hôte**
habitación (n.f.) en vivienda
Las habitaciones en vivienda son habitaciones que el propietario ofrece en su propia vivienda, aunque con la necesaria independencia.
habitación (n.f.) en una casa de campo
Las habitaciones en casas de campo, en la que viven los propietarios, se alquilan en régimen de hotel: alojamiento y desayuno o media pensión (no se puede hacer uso de la cocina).

chauffage (n.m.)
calefacción (n.f.)
La calefacción se incluye en el precio, excepto en aquellos casos excepcionales en los que se debe notificarlo al hacer la reserva.

chauffe-eau (n.m. inv.)
calentador (n.m.)
El equipamiento incluye como mínimo el suministro de agua corriente con calentador.

cheminée (n.f.)
chimenea (n.f.)
Las casas que tienen chimenea, están equipadas con los instrumentos necesarios para su uso.

clé (n.f.) ou clef (n.f.)
llave (n.f.)

La agencia me confirmó el lugar y el horario para la entrega de las llaves (remise des clés) del apartamento.

clôturé (-e) (part.pas.)
vallado (-a) (part.pas.)
Casa con parcela vallada.

club (n.m.) de vacances
club (n.m.) de vacaciones
El éxito de este club de vacaciones estriba en la calidad de sus programas de animación.

■ **cohabitation (n.f.) (vie en commun)**
convivencia (n.f.)
Aparte de la convivencia con los propietarios, esta finca agrícola ofrece varias actividades para pequeños y grandes.

commodités (n.f.pl.)
comodidades (n.f.pl.)
Las viviendas cuentan con todas las comodidades y todo el confort actual.

complexe (n.m.) résidentiel
complejo (n.m.) residencial

■ **composer (se) (v.pr.) de, être composé (-e) de ou être constitué (-e) de**
estar compuesto (-a) por (v.intr.)
Cada apartamento está compuesto por un salón-comedor con chimenea, cocina y una o dos habitaciones y uno o dos baños (según el tipo de apartamento) con posibilidad de una cama extra.

■ **comprendre (v.tr.)**
constar con o de (v.intr.)
La casa consta con (o: de) cinco habitaciones dobles con dos baños a compartir, salón-comedor y terraza, cocina, patio con jardín y piscina.

congélateur (n.m.)
congelador (n.m.)

consommation (n.f.)
consumo (n.m.)
Excesos de consumo de butano y luz se liquidan al final de la estancia (consumo normal incluido en el alquiler).

contrat (n.m.) de location
contrato (n.m.) de alquiler
Se garantizan las condiciones y las características de la casa (o del estudio o apartamento) contempladas en el contrato de alquiler.

couverture (n.f.) (de lit)
manta (n.f.) (de cama)

couvre-lit (n.m.)
colcha (n.f.)

■ **cuisine (n.f.)**
cocina (n.f.)
Una cocina equipada y moderna (o modernísima: ultra-moderne) con vitrocerámica (plaque de cuisson vitrocéramique).

cuisine américaine
cocina americana o cocina tipo americana
La planta intermedia consta de un amplio salón-comedor con cocina americana en un lateral del mismo (o: con cocina americana integrada (o: incorporada) en el salón).

cuisine indépendante
cocina independiente

cuisine-salle à manger
cocina-comedor

batterie (n.f.) de cuisine
menaje (n.m.)
La cocina cuenta con número de platos, cubiertos y demás menaje en función de los usuarios (es decir, suficiente para las plazas).

■ **cuisinière (n.f.)**
cocina (n.f.)

cuisinière à l'électricité
cocina eléctrica
Una cocina con cuatro placas eléctricas o vitrocerámica.

cuisinière au gaz butane
cocina de gas butano
Se necesita una cocina con al menos dos fuegos.

débarras (n.m.) (ou: cabinet de débarras)
trastero (n.m.)

décoration (n.f.) intérieure
decoración (n.f.) interior
La decoración interior es generalmente con muebles de estilo castellano, según gusto del propietario.

dépense (n.f.) (pour conserver les provisions)
despensa (n.f.) (para guardar las provisiones)

■ **dépôt (n.m.) de garantie**
depósito (n.m.) de garantía
Con la entrega de las llaves, existen algunos alojamientos en los que se requiere un depósito de garantía que se devuelve al finalizar la estancia, siempre que todo se encuentre en perfecto estado de conservación.

dessus-de-lit (n.m.)
colcha (n.f.)

dimensions (n.f.pl.)
dimensiones (n.f.pl.)
Las dimensiones de los chalets oscilan desde 60 m2 hasta los 180 m2.

■ **disposer (v.intr.) de**
contar con (v.intr.)
Estas encantadoras casas, situadas en una de las más prestigiosas urbanizaciones de Jávea, cuentan con todas las comodidades para pasar unas espléndidas vacaciones.
disponer de (v.intr.)
La casa dispone de dos habitaciones con un baño, cocina, salón-comedor, cochera (garage) y jardín con césped (pelouse).

■ **douche (n.f.)**
ducha (n.f.)

drap (n.m.) (de lit)
sábana (n.f.) (de cama)
Ropa y sábanas normalmente están a disposición a pago extra, pero recomendamos traerla.

drap de dessous
sábana bajera

drap de dessus
sábana encimera

duplex (n.m.)
dúplex (n.m.)
El apartamento es un dúplex sin separación de paredes: la planta baja consta de amplísimo salón, cocina americana, baño, la planta alta tiene dos camas de matrimonio.

eau (n.f.)
agua (n.f.)

eau chaude
agua caliente

eau courante
agua corriente

■ **échange (n.m.) de maisons (ou d'habitations)**
intercambio (n.m.) de casas (o de viviendas)
El intercambio de casas permite participar de alguna forma en la vida diaria de los habitantes.

échanger (v.tr.)
intercambiar (v.tr.)
En el caso de Estados Unidos, es muy normal que se intercambie a la vez la casa y el coche.

électricité (n.f.)
electricidad (n.f.)
Electricidad disponible en casas de pueblo, pero no siempre en cortijos.

■ **énergie (n.f.) solaire**
energía (n.f.) solar

entrée (n.f.)
entrada (n.f.)
Un chalet de dos plantas con entradas separadas.

■ **équipement (n.m.)**
equipamiento (n.m.)
El agente de viajes que ofrece apartamentos debe comprobar el equipamiento relativo a la lencería de hogar (lavadora: lave-linge), vajilla (lavaplatos: lave-vaiselle), utensilios de cocina y electrodomésticos (appareils électroménagers) en general.

espaces (n.m.pl.) verts aménagés
zonas (n.f.pl.) ajardinadas

essoreuse (n.m.) (à linge)
secadora (n.f.)

four (n.m.)
horno (n.m.)

four électrique
horno eléctrico

garage (n.m.) (privé avec une ou plusieurs places)
cochera (n.f.) o garaje (n.m.)

garage ouvert
cochera abierta

garage fermé pour deux voitures
garaje cerrado para dos coches

■ **habitant (n.m.) (chez l')**
casa (n.f.) particular (en una)
La acogida de huéspedes en casas particulares es algo muy tradicional en los valles pirenaicos.

■ **habitation (n.f.)**
vivienda (n.f.)
La vivienda se alquila completa y consta de 3 dormitorios dobles y 2 cuartos de baño.

habitation séparée
vivienda separada

■ **hôte (n.m.)**
huésped (n.m.) (personne invitée ou qui reçoit)

hôte payant
huésped de pago

installations (n.f.pl.) sanitaires
instalaciones (n.f.pl.) sanitarias

inventaire (n.m.)
inventario (n.m.)
A la llegada y salida de los huéspedes, el propietario procederá al inventario de los enseres, ropa de cama, utensilios de cocina, etc.

■ **jardin (n.m.)**
jardín (n.m.)

jardin copartagé (en usage commun)
jardín compartido

jardin privatif
jardín propio

meubles de jardin
muebles de jardín

jardin avec pelouse (gazon)
jardín con césped

lave-linge (n.m.inv.) ou machine (n.f.) à laver (le linge)
lavadora (n.f.)
La lavadora de capacidad para 6 kg., tiene un selector de temperatura y programa especial para lana.

lave-vaisselle (n.m.inv.) ou machine (n.f.) à laver la vaisselle
lavavajillas (n.m.inv.) o lavaplatos (género ambiguo)
El lavavajillas de capacidad para 12 cubiertos, dispone de dos temperaturas de lavado (65 y 55 °C), 6 programas y lavado rápido.

■ **linge (n.m.) de literie (ensemble des draps et couvertures pour le lit)**
ropa (n.f.) de cama (conjunto de sábanas y mantas para la cama)

lits (n.m.pl.) gigognes
camas (n.f.pl.) de nido

lits (n.m.pl.) superposés
literas (n.f.pl.)

■ **living ou living-room (n.m.)**
sala (n.f.) de estar o cuarto (n.m.) de estar

■ **locataire (n.m.)**
arrendatario (n.m.) o arrendataria (n.f.)
Serán por cuenta del arrendatario los gastos relativos a gas butano.

■ **location (n.f.)**
alquiler (n.m.)
El Departamento de Alojamiento del Comité Organizador olímpico preparará el alquiler de habitaciones en casas particulares a manera de oferta complementaria hotelera.

location pour le week-end
alquiler de un fin de semana
El alquiler de un fin de semana contempla desde las 18.00 h del viernes hasta las 18.00 h del domingo.

location à la semaine ou à la quinzaine
alquiler por semana (o: para una semana) o para una quincena
En el caso de que Vd. reserve para una semana o quince días, el alquiler comienza el sábado a las 14.00 h y finaliza el siguiente sábado a las 14.00 h.

la période de location
el período (o: periodo) de alquiler
arrendamiento (n.m.) (bail)
El arrendamiento de un gran porcentaje de apartamentos amueblados (por un periodo de vacaciones) no está declarado como explotación turística, originando situaciones conflictivas en la contratación.

location saisonnière
arrendamiento temporal

logeur (-se) (n.m.ou f.)
hospedero (-a) (n.m. o f.)

■ **louer (v.tr.) (une habitation, des meubles)**
alquilar (v.tr.)
“Se alquila” (“à louer”, sur un panneau).
arrendar (v.tr.) (donner à bail ou en location)
El apartamento se arrienda amueblado y comprende el mobiliario, enseres y utensilios necesarios para el uso y disfrute del inquilino.
dar o tomar en arrendamiento o en arriendo (v.tr.) (donner ou prendre à bail ou en location)

■ **maison (n.f.)**
casa (n.f.)
Disponemos de una selección de casa típicas por toda la isla de Ibiza, en plena naturaleza y cerca (3/8 km.) del mar.

maison d’agrément
casa de recreo

maison de campagne
casa de campo

maison de village
casa de pueblo

maison indépendante
casa independiente

petite maisonnette
pequeña casita

matelas (n.m.)
colchón (n.m.)

matelas à ressorts
colchón de muelles

mezzanine (n.f.)
altillo (n.m.)
También tiene el salón-comedor un altillo para colocar dos camas supletorias.

micro-ondes (n.m.inv.) (four à)
microondas (n.m.) (horno)
Un horno microondas de capacidad 17 litros y 5 niveles de potencia.

■ **mobilier (n.m.)**
mobiliario (n.m.)
El bungalow ofrecido en alquiler está debidamente dotado de mobiliario y armarios empotrados (placards).

mobilier de jardin
mobiliario de jardín

■ **multipropriété (n.f.)**
mutipropiedad (n.f.) o tiempo (n.m.) compartido
Con respecto al tiempo compartido, un sistema de vacaciones en auge, una nueva ley adoptada en enero de 1999 prohibe el uso del término "mutipropiedad" para advertir que sólo se adquiere el derecho a utilizar el inmueble.

■ **nettoyage (n.m.) (service de)**
limpieza (n.f.) (servicio de)
En el precio está incluido el servicio de limpieza del día de la llegada y el de la salida.

frais de nettoyage
gastos (n.m.pl.) de limpieza
El propietario se reserva el derecho de pedir un suplemento para cubrir los posibles gastos de limpieza.

service de nettoyage hebdomadaire compris
servicio de limpieza semanal incluido

ordures (n.f.pl.) ménagères
basura (n.f.)
Tirar (jeter) los detritos a la basura.

boîte (n.f.) à ordures (ou: poubelle, n.f.)
cubo (n.m.) de la basura

■ **pièce (n.f.)**
habitación (n.f.)
Un piso de tres habitaciones (salón, dos dormitorios, cocina, dos baños y amplia terraza).

■ **piscine (n.f.)**
piscina (n.f.)
En los chalets con piscina que se alquilan, ésta puede ser de diferentes formas y tamaños.

piscine chauffée
piscina climatizada
En el jardín existe una piscina climatizada con terraza.

piscine commune à plusieurs usagers
piscina a compartir

piscine avec épurateur
piscina con depuradora

placard (n.m.)
armario (n.m.) empotrado

posséder (v.tr.)
poseer (v.tr.)
La casa posee cuatro habitaciones, tres baños, cocina y salón-comedor.

propreté (n.f.)
limpieza (n.f.)
Las casas, estudios o apartamentos deben encontrarse en el mismo estado de limpieza y conservación en el que se entregaron.

■ **propriétaire (n.m.)**
propietario (n.m.) o propietaria (n.f.)
El propietario correrá con los gastos relativos a electricidad, agua, comunidad y la primera bombona de gas butano.
dueño (n.m.) o dueña (n.f.)

Los dueños de las dos casas con cinco viviendas a 2 km. de la playa son pescadores y proporcionan pescado fresco.

reconvertir (v.tr.)
reconvertir (v.tr.)
Una casa reconvertida en el más puro estilo tradicional.

réfrigérateur (n.m.), (fam.: frigo, n.m.)
nevera (n.f.), frigorífico (n.m.) o armario (n.m.) frigorífico
Un frigorífico "combi" (combinado nevera y congelador) de capacidad 345 litros, con dos compresores independientes y congelación rápida.

résidence (n.f.) principale
primera (adj.) vivienda (n.f.) o vivienda habitual
Los españoles se muestran reacios (réticents) al intercambio de su primera vivienda; la mayoría ofrece la segunda residencia.

■ **résidence (n.f.) secondaire**
segunda (adj.) residencia (n.f.)
En España, la mayor parte de las plazas computadas como alojamientos complementarios pertenecen a apartamentos y segundas residencias adquiridas en propiedad por particulares extranjeros.

■ **rez-de-chaussée (n.m.)**
planta (n.f.) baja

■ **salle (n.f.) d'eau**
cuarto de aseo (n.m.) o aseo (n.m.)

salle (n.f.) de jeux
sala (n.f.) de juegos
Una sala de juegos con mesa de ping-pong.

salle (n.f.) de séjour (ou: séjour, n.m.)
sala (n.f.) de estar o cuarto (n.m.) de estar

■ **salon (n.m.)**
salón (n.m.)
El salón se abre a un patio interior, ideal para tomar el sol.

salon-salle à manger
salón-comedor

salon-bibliothèque
salón con biblioteca

salon-bureau
salón-despacho

salon avec bar
salón con barra de bar

petit salon
saloncito (n.m.)

solarium (n.m.)
solarium (n.m.)

sommier (n.m.) de lit
somier (n.m.) de cama

standing (n.m.) (de haut)
alto standing (de) o gran categoría (de)
Se alquilan apartamentos y casas de alto standing.

■ **studio (n.m.)**
estudio (n.m.)
Se alquila un estudio, equipado con cocina, salón-dormitorio con sofá cama para dos personas y un aseo con ducha.

tranquillité (n.f.)
tranquilidad (n.f.)
Imagínese un oasis de tranquilidad, frondosos jardines y absoluto relax en el campo, en plena Costa del Sol y cerca de las playas.

transformer (v.tr.)
convertir (v.tr.)
Una antigua casa restaurada, convertida en dos viviendas.

■ **villa (n.f.)**
chalet (n.m.) (pl.: chalets o chalés)
En la urbanización los chalets adosados (villas couplées ou mitoyennes) disponen de un jardín vallado (clôturé).

villa individuelle
chalet individual

villas familiales jumelles
chalets unifamiliares pareados

villa témoin
chalet piloto

le vivre et le couvert
casa y comida

2

RESTAURANTS, BARS ET GASTRONOMIE

Restaurantes, bares y gastronomia

A

REPAS ET ÉTABLISSEMENTS DE RESTAURATION
Comidas y establecimientos de restauración

■ **addition (n.f.)**
cuenta (n.f.)
Pedir la cuenta.

appétit (n.m.)
apetito (n.m.)
El apetito viene con el comer.

avoir de l'appétit
tener apetito

avoir un petit ou un gros appétit
tener poco o mucho apetito

bon appétit!
¡buen provecho!

apprenti (n.m.)
aprendiz (n.m.)

■ **assiette (n.f.)**
plato (n.m.)

assiette plate, creuse, à dessert
plato llano, hondo o sopero, de postre

■ **auberge (n.f.)**
albergue (n.m.) o venta (n.f.) (auberge de route ou hostellerie)
fonda (n.f.) o mesón (n.m.) (restaurant rustique)
hostería (n.f.)
En las hosterías de la red de Paradores de Turismo se ofrece una variada gastronomía de la región con garantía para el cliente de poder degustarla en un marco (cadre) adecuado.

banquet (n.m.)
banquete (n.m.)
La colocación (placement) de los invitados en un banquete debe prevenirse con la suficiente antelación.

■ **bar (n.m.)**
bar (n.m.)
En los bares españoles, efervescentes, variopintos, ruidosos, la gente bebe y come de pie.

faire la tournée des bars
ir de bares
La costumbre española de "ir de bares", "ir de vinos", "ir de chateo" ha convertido algunas zonas de las ciudades en auténticos lugares de peregrinación pública.

bar à vin
bar de vinos
En los bares de vinos pueden degustarse los grandes vinos españoles por copas.

■ **bistrot (n.m.)**
tasca (n.f.)

■ **brasserie (n.f.)**
cervecería (n.f.)
Uno de los lugares más frecuentados por la juventud española es la cervecería, punto de reunión preferido durante los atardeceres (fins d'après-midi) estivales.

■ **brigade (n.f.) de cuisine**
brigada (n.f.) de cocina
Los tipos de brigadas siempre están en relación con la capacidad del establecimiento así como con el trabajo que en ellos se desarrolla.

buffet (n.m.) (ou table-buffet)
buffet (n.m.) (o mesa-buffet)
Los comensales se acercan a la mesa-buffet situada en el centro del comedor para escoger los canapés y aperitivos fríos.
ambigú (n.m.) (galicismo) (buffet, lunch)
Ambigú campesino.

buvette (n.f.)
quiosco (n.m.) de bebidas

cabinet (n.m.) (ou salon, n.m.) particulier (dans un restaurant)
reservado (n.m.) (en un restaurante)
El comedor ofrece varios reservados que permiten la deseada intimidad.

■ **café (n.m.) (boisson et établissement)**
café (n.m.) (bebida y establecimiento)
Desde el principio del siglo XVIII, los cafés se amueblan y decoran en Francia con rebuscamiento y lujo, hasta tal punto que, los que han sobrevivido, constituyen verdaderos museos.

cafétéria (n.f.)
cafetería (n.f.)
Las cafeterías se clasifican en las categorías de "Especial", "Primera" y "Segunda", cuyos distintivos son respectivamente, tres tazas, dos tazas y una taza.

■ **carte (n.f.)**
carta (n.f.)
¿Qué desea, el menú o la carta?

carte des vins
carta o lista de vinos

catering (n.m.) (service traiteur, traitance dans les avions)
catering (n.m.)
Lo que caracteriza a una empresa de catering es la elaboración de las comidas en un lugar centralizado y su transporte hasta el punto donde van a ser consumidas, al avión por ejemplo (todo lo que necesita la tripulación a bordo es suministrado por las compañías de catering).

■ **chef (n.m.) de cuisine**
chef (n.m.) o jefe (n.m.) de cocina

sous-chef de cuisine
segundo jefe de cocina

chef (n.m.) de garde
jefe (n.m.) de guardia

chef (n.m.) de garde-manger
jefe (n.m.) de partida del cuarto frío

■ **chef (n.m.) de partie**
jefe (n.m.) de partida

■ **chef (n.m.) de rang**
camarero (n.m.)

demi-chef de rang
sub-camarero

chef (n.m.) tournant
jefe (n.m.) de turno
El jefe de turno sustituye a los ausentes con motivo de enfermedad, descansos o vacaciones.

choix (n.m.)
elección (n.f.)
En la elección de un restaurante es el precio, cuando parece razonable a los ojos del cliente potencial, y la carta.

Precisamente, son estos dos elementos, cuando se exponen a la entrada del establecimiento, el factor más importante para que el cliente transeúnte se decida a traspasar la puerta de un restaurante.
surtido (n.m.) (assortiment, n.m.)
Este restaurante ofrece a sus clientes un gran surtido de platos y postres.

cidrerie (n.f.)
sidrería (n.f.)
En la sidrería el sidrero va abriendo los orificios de cada una de las "kupelas" o barricas y brota un chorro de sidra que es preciso captar con el vaso.

collation (n.f.), en-cas (n.m.), casse-croûte (n.m.)
tentempié (n.m.) o refrigerio (n.m.)
El precio de la excursión incluye los traslados, el monitor y un tentempié.

■ **commande (n.f.)**
pedido (n.m.) o comanda (n.f.) (passée à table)
Para tomar el pedido se establecen vales (bons), un original y dos duplicados.

prise de commande (effectuer la)
toma de la comanda (proceder a la)

encargo (n.m.) (passée d'avance)
Aquí los platos regionales, como la paella valenciana, el arroz negro, sólo se sirven por encargo.

■ **commis (n.m.) de cuisine (premier)**
cocinero (n.m.)

deuxième commis de cuisine
ayudante de cocinero

troisième commis de cuisine (ou marmiton)
pinche

■ **commis (n.m.) de rang**
ayudante de camarero (n.m.)

commis de suite
aprendiz

communard (n.m.)
cocinero (n.m.) del personal

■ **comptoir (n.m.) (le zinc)**
barra (n.f.) o mostrador (n.m.)
Ciertas barras de tabernas y bares del Madrid de los Austrias (ensemble de quartiers dénommé le "Madrid des Autrichiens") son lugares de cita de toreros y celebridades.

■ **convive (n.m. ou f.)**
comensal (n.m. o f.)
El comedor tiene capacidad para 500 comensales.

■ **couteau (n.m.)**
cuchillo (n.m.)

couteau à poisson, couteau à dessert, à beurre, à fromage
pala de pescado, cuchillo de postre, de mantequilla, de queso

■ **couvert (n.m.)**
cubierto (n.m.)
Los cubiertos pueden ser de plata, de alpaca plateada (maillechort argenté) o de acero inoxidable.

service à couverts
cubertería (n.f.)

croque-monsieur (n.inv.), croque-madame (n.inv.)
bocadillo (n.m.) caliente (de queso y jamón)

■ **cuillère (n.f.) ou cuiller (n.f.)**
cuchara (n.f.)

cuillère à soupe, à dessert, petite cuillère à café
cuchara sopera, de postre, cucharilla de café

■ **cuisine (n.f.)**
cocina (n.f.)
España es el último de los grandes países europeos donde la cocina varía realmente de provincia a provincia.

cuisine familiale
cocina casera

nouvelle cuisine
nueva cocina

cuisine au feu de bois
cocina al fuego de leña
Se puede probar la típica cocina mallorquina al fuego de leña.

■ **cuisinier (-ère) (n.m. ou f.)**
cocinero (-a) (n.m. o f.)
En la presentación del plato encontramos la mano innovadora del cocinero.

culinaire (adj.)
culinario (-a) (adj.)
El cambio en la oferta culinaria está afectando a los establecimientos turísticos por ser la clientela más conocedora y exigente.

cure-dent (n.m.)
mondadientes (n.m.inv.)

débarrasser (v.tr.) la table
desbarazar o desmontar (v.tr.) la mesa
Una vez finalizado el servicio, al producirse la salida del cliente, se desbaraza, limpia y monta la mesa de nuevo.

déchet (n.m.)
desperdicio (n.m.)
¡Por favor, no tiren los papeles ni los desperdicios al suelo, utilicen las papeleras, gracias!

dégustation (n.f.)
degustación (n.f.)
Siguió una degustación de las especialidades de la cocina castellano-leonesa en la terraza rotonda de los jardines del hotel.

■ **déguster (v.tr.) (goûter)**
degustar (v.tr.) (probar)

■ **déjeuner (n.m.)**
almuerzo (n.m.) o comida (n.f.)

■ **déjeuner (v.intr.)**
almorzar (v.intr.)

dessous (n.m.inv.) d'assiette
plato (n.m..) de respeto

dessous-de-plat, ou dessous-de-bouteille ou de carafe (n.m.inv.)
salvamanteles (n.m.inv.)

■ **dîner (n.m.)**
cena (n.f.)

dîner dansant
cena-baile
El hotel Princesa Sofía de Barcelona organiza los sábados cenas-baile de aire nostálgico.

dîner-débat
cena coloquio

■ **dîner (v.intr.) (ou souper, v.intr.)**
cenar (v.intr.)

directeur (n.m.) de la restauration
director (n.m.) de alimentación y bebidas

drugstore (n.m.)
drugstore (n.m.)
En un drugstore el cliente puede encontrar hasta altas horas de la madrugada un servicio de comidas y otras prestaciones que no encuentra a estas horas en otro lugar.

entrée (n.f.)
entrada (n.f.) o entrante (n.m.)
De entrada voy a tomar una ensalada de lechuga y tomate.

entremétier (n.m.)
entremetier (n.m.)

■ **faim (n.f.)**
hambre (n.f.)
Tener hambre no es el mejor estado para apreciar los platos, porque, entonces, todo parece delicioso.

■ **fourchette (n.f.)**
tenedor (n.m.)
El tenedor, que es el utensilio de mesa para pinchar los alimentos, es también el distintivo de la categoría de un restaurante: al hotel de cinco estrellas corresponde el restaurante de cinco tenedores.

fourchette à poisson, à dessert
tenedor de pescado, de postre

■ **fourneau (n.m.)**
fogón (n.m.)
La nueva cocina es un cambio revolucionario en el mundo de los fogones.

garçon (n.m.) de cuisine
marmitón (n.m.)

garniture (n.f.)
guarnición (n.f.)
En un mismo menú no deben repetirse las guarniciones.

gastronome (n.m.)
gastrónomo (n.m.)
El gastrónomo ni se siente prisionero de la tradición, ni se deja impresionar por la novedad.

■ **gastronomie (n.f.)**
gastronomía (n.f.)
Con la gastronomía, la cocina deja de ser colectiva.

gastronomique (adj.)
gastronómico (-a) (adj.)
La semana gastronómica fue inaugurada con un aperitivo recepción.

gourmand (-e) (adj.)
goloso (-a) (adj.)

■ **gourmet (n.m. o adj.)**
gourmet (n.m. o adj.)
El gourmet es un gran viajero y la gastronomía de un lugar es un aliciente para el turista.

goût (n.m.)
gusto (n.m.)
En la variedad está el gusto.
paladar (n.m.)
El paladar de la buena mesa.

grill-room (n.m.)
grill restaurante (n.m.)

■ **guéridon (n.m.)**
mesa (n.f.) auxiliar
La mesa auxiliar es la mesa de trabajo del personal durante el tiempo que se desarrolla el servicio.

guinguette (n.f.)
merendero (n.m.)
La especialidad de muchos merenderos de la región de Murcia es la riquísima carne de cabrito (chevreau).

■ **hors-d'œuvres (n.m.pl.)**
entremeses (n.m.)

huilier-vinaigrier (n.m.)
vinagreras (n.f.pl.)

lunch (n.m.)
lunch (n.m.)
ambigú (n.m.)
Por lo regular, el ambigú es una comida nocturna compuesta de manjares fríos.

■ **maître (n.m.) d'hôtel**
jefe (n.m.) de comedor, maestresala (n.m.) o "maître" (n.m.)

■ **maître (n.m.) d'hôtel de carré**
jefe (n.m.) de sector

■ **manger (v.tr. et intr.)**
comer (v.tr. e intr.)
¿Quiere comer bien? - Lo mejor es comer de todo en poca cantidad.

manger comme quatre (ou comme un ogre)
comer como una lima

■ **menu (n.m.)**
menú (n.m.) (o lista de platos)
El menú propone las sugerencias del chef y varias especialidades regionales.
minuta (n.f.)
La minuta, que ha de ser elegante y sobria, se coloca sobre la servilleta o junto a las copas.

■ **mettre en place (v.tr.)**
montar (v.tr.)
Las mesas están montadas previamente al inicio del servicio de desayuno.

mets (n.m.)
manjar (n.m.)
Un manjar es un plato o un comestible agradable.

miettes (n.f.pl.) (enlèvement des)
migas (n.f.pl.) (limpieza de)
Antes de los postres, el ayudante del camarero despejará el mantel de migas y retirará el salero de la mesa.

■ **mise en place (n.f.)**
mise-en-place (n.f.) o montaje (n.m.)
Terminado el montaje del comedor, el maître supervisa la mise-en-place comprobando si todas las mesas disponen de suficientes menús y cartas para presentar a los clientes.

■ **nappe (n.f.)**
mantel (n.m.)
El mantel puede ser de lino, de algodón, o de papel.

■ **pain (n.m.)**
pan (n.m.)
La forma más típica de comer el lechal asado es con las manos, apoyando las tajadas sobre trozos de pan, a ser posible sobre tortas de aceite.

pain de campagne (grand)
pan campesino (ancho)

pain de fantaisie
pan de lujo

pain de gruau
pan de flor

pain de ménage
pan casero

pain de mie
pan de molde

pain de seigle
pan de centeno

pain bis
pan bazo o moreno

pain blanc
pan blanco o pan candeal

pain complet
pan integral

pain frais
pan tierno

pain frit
pan frito

pain grillé
pan tostado

pain rassis
pan duro

baguette (n.f.) de pain
barra (n.f.) de pan

petit pain
panecillo

petit pain au lait
bollo (n.m.) de leche

palais (n.m.)
paladar (n.m.)
Tener el paladar delicado (avoir le palais fin, être une fine bouche).

panier-repas (n.m., pl.: paniers-repas)
bolsa picnic (n.f., pl.: bolsas picnic) (n.m.)
Con objeto de evitarle molestias, tenemos a su disposición un servicio de venta de bolsas picnic.

■ **pâtissier (n.m.)**
repostero (n.m.)

chef pâtissier
jefe de repostería

pique-nique (n.m.)
comida (n.f.) campestre o picnic (n.m.) (anglicismo)
Durante este viaje organizado, los usuarios se quejaron del abuso de comidas en forma de picnic.

■ **plat (n.m.) (aliment servi : mets)**
plato (n.m.)

plat (ou pièce) de résistance
plato fuerte
El plato único y fuerte se impone como una manera moderna y variada de comer bien pero sin excesos.

plat très nourrissant
plato muy nutritivo o alimenticio

plats froids et chauds, uniques ou garnis
platos fríos y calientes, simples o combinados
El plato combinado que puede servirse en la barra (au comptoir) es de fácil y sencilla preparación.

guiso (n.m.) (plat cuisiné)
Me gustan los guisos gallegos.

plat (n.m.) de service
fuente (n.f.) de servir (o de servicio) o bandeja (n.f.)
El servicio a la francesa consiste en colocar la bandeja a la izquierda del comensal para que éste se sirva la cantidad que prefiera.

■ **plateau (n.m.)**
bandeja (n.f.) (plateau de service)

servir sur un plateau
servir en bandeja
La bandeja del desayuno, almuerzo o cena, ante los ojos del viajero, es el punto final de una cadena que comienza con el diseño del menú, la elección de los alimentos, su preparación y transporte hasta el avión.

tabla (n.f.) de quesos (plateau à fromages)
En la tabla de quesos se propone un surtido (assortiment) de quesos de cabra (chèvre), de oveja (brebis) y de vaca (vache), cremosos o tiernos (tendres).

poivrière (n.f.)
pimentero (n.m.)

■ **portion (n.f.)**
ración (n.f.)
¡Póngame una (ración) de gambas al ajillo y una de pulpo!.

■ **pourboire (n.m.)**
propina (n.f.)
Demos propina al que se lo merece, no al que lo pide.

■ **recette (n.f.)**
receta (n.f.)
En cuanto a la promoción de la cocina regional, es necesario elaborar y editar libros de recetas.

recette de maison (ou: de famille)
receta casera

■ **repas (n.m.)**
comida (n.f.)
Las comidas realizadas en centros de colectividades españoles (colegios, empresas, hospitales etc.) representan un 34% de las comidas fuera de casa.

■ **restaurant (n.m.)**
restaurante (n.m.)
Según la Ordenación Turística de Restaurantes, estos establecimientos se clasifican en las categorías de lujo, primera, segunda, tercera y cuarta, cuyos distintivos son respectivamente cinco, cuatro, tres, dos y un tenedores colocados verticalmente uno al lado de otro.
bodegón (n.m.), colmado (n.m.), figón (n.m.) (petit restaurant)
El bodegón, el colmado o el figón son tabernas o restaurantes pequeños y modestos donde suele comerse bien y barato.

■ **restaurateur (n.m.)**
restaurador (n.m.)
Es responsabilidad de los restauradores españoles exigir a sus proveedores (fournisseurs) vino de calidad, materias primas de calidad y pan de calidad porque el pan es un componente de la buena mesa.

■ **restauration (n.f.)**
restauración (n.f.)
La restauración es la actividad que se ocupa de proporcionar a los viajeros, tanto españoles como extranjeros, y a los residentes, servicios de alimentación y bebida.

restauration traditionnelle
restauración tradicional

nouvelle restauration
neo restauración
La neo restauración permite abordar un servicio acorde a las necesidades de la sociedad actual.

restauration rapide ("fast food")
comida rápida (o fast food)
En la comida rápida se incluyen las hamburgueserías, pizzerías, croissanterías, etc.

retenir verbalement (v.tr.) (une table)
apalabrar (v.tr.) (una mesa)

■ **rôtisseur (n.m.)**
asador (n.m.)

salière (n.f.)
salero (n.m.)

■ **salle (n.f.) à manger**
comedor (n.m.)

salle (n.f.) (petite) (dans une auberge)
reservado (n.m.) (en una taberna)

salon (n.m.) de thé
salón (n.m.) de té

■ **sandwich (n.m.)**
bocadillo (n.m.)
El bocadillo es un panecillo con jamón, queso, lacón, salchichón, etc.
bocata (n.m., fam.)
La "hora del bocata" que suele ser entre las 11 y las 12 de la mañana reduce la actividad burocrática española.
sandwich (n.m.)
El sandwich es un emparedado de pan de molde (pain de mie) relleno de jamón, queso y puede ser mixto, vegetal, etc.

saucier (n.m.)
salsero (n.m.)

saveur (n.f.)
sabor (n.m.)

■ **self-service (n.m.)**
autoservicio (n.m.)
El autoservicio se caracteriza por la distribución de mostradores en línea, adaptados para el mantenimiento de los platos ofertados en grupos afines y con sus precios correspondientes.

■ **serveur (-se) (n.m. ou f.)**
camarero (-a) (n.m. o f.)

■ **service (n.m.) en salle**
servicio (n.m.) de comedor

service à l'anglaise
servicio a la inglesa

service à l'assiette
servicio emplatado

service à la française
servicio a la francesa

service à la russe
servicio a la rusa

service au guéridon
servicio de gueridon o mesa auxiliar

serviette (n.f.)
servilleta (n.f.)

■ **soif (n.f.)**
sed (n.f.)
Tenemos mucha sed.

suggestion (n.f.)
sugerencia (n.f.)
Se les recomendamos las sugerencias del día.

sucrier (n.m.)
azucarero (n.m.)

■ **table (n.f.)**
mesa (n.f.)
Para banquetes con no demasiado número de comensales se adopta una mesa en forma de U.

■ **taverne (n.f.)**
taberna (n.f.) o mesón (n.m.)

terrasse (n.f.)
terraza (n.f.)
Tomar el fresco por la tarde sentado en una terraza.

tournée (n.f.) (payer une)
ronda (n.f.) (pagar una)

■ **tournée (n.f.) des bistrots**
chateo (n.m.)

faire la tournée des bistrots
chatear (v.intr.), ir de chateo, ir de vinos o ir de copas

troquet (n.m.) (servant des repas)
casa de comidas (n.f.)

■ **vaisselle (n.f.)**
vajilla (n.f.)
El hotel tiene una decoración suntuosa, alfombras de nudo, valiosos muebles, vajilla de Limoges y cubertería de plata.

■ **vestiaire (n.m.)**
guardarropa (n.m.)
En el restaurante soy la persona encargada de llevar el guardarropa, de que nunca falte tabaco y de comprobar que todo esté siempre en orden en los servicios.

■ **voiturier (n.m.)**
aparcacoches (n.m.)
Un aparcacoches tiene que estar pendiente de los huecos que hay libres y dejar los coches bien aparcados.

■ **verres (n.m.) (service de)**
cristalería (n.f.)

B

LES ACCOMPAGNEMENTS ESPAGNOLS DE L'APÉRITIF
Las tapas

amuse-gueule (n.m.inv.) ou amuse-bouche (n.m.inv.)
tapa (n.f.)
Las tapas que se sirven en los bares españoles para acompañar el aperitivo, se comen de pie en la barra (au comptoir).

prendre des "tapas"
tapear (v.intr.)

prendre des "tapas" (le fait de)
el tapeo (n.m.)
El tapeo es una de las costumbres más arraigadas en la vida española y un rito de sabores y conversaciones.

anchois (n.m.)
boquerón (n.m.) (poisson frais, anchoa (n.f.) (poisson préparé)
Los boquerones son consumidos fritos, en vinagre o conserva. Generalmente, al boquerón aliñado en crudo se le denomina anchoa; también se le denomina así cuando se prepara en salmuera (saumure) o en conserva con un aliño.

boulette (n.f.) de viande
albóndiga (n.f.) de carne
Se mezcla la carne picada con la miga de pan, un huevo batido, picadillo de ajo y perejil, sal y pimienta, se hacen pequeñas albóndigas y se enharinan.

brochette (n.f.)
brocheta (n.f.), pincho (n.m.)
Brocheta de pescado.

brochette (n.f.) (petite)
pinchito (n.m.)
Hay bares especializados en pinchitos y "banderillas" : en un palillo (bâtonnet) de madera van pinchados trozos de atún, cebollitas, pepinillos, etc.

calmars ou calamars (n.m.pl.) (encornets, n.m.pl.)
calamares (n.m.pl.)

calmars à l'encre (Biscaye)
calamares en su tinta (Vizcaya)

calmars en beignets
calamares a la romana

canapés (n.m.pl.)
canapés (n.m.pl.)
En la barra, cada cual pica (grignote en piquant) probando lo que le apetece: pinchos, canapés fríos o tapas calientes.

croquette (n.f.)
croqueta (n.f.)
Las croquetas de pollo y jamón.

escargots (n.m.pl.) en sauce
caracoles (n.m.pl.) en salsa
Los caracoles en salsa son cocidos a fuego lento en una salsa de cebolla, ajo, perejil y tomates.

fromage (n.m.)
queso (n.m.)
La tetilla (de Galicia) es un queso de vaca de corteza fina y sabor suave en forma de seno de mujer.

fromage de la Manche
queso manchego
El queso manchego se vende fresco (frais), tierno (tendre), curado (affiné), viejo o añejo (vieux), o en aceite (dans l'huile).

fruits (n.m.pl.) de mer
mariscos (n.m.pl.)
Los mariscos se componen de moluscos y crustáceos.

banc de fruits de mer
marisquería (n.f.)

goujonnettes (n.f.pl.) de morue en beignets
soldaditos (n.m.pl.) de Pavía
Los soldaditos de Pavía son trozos de bacalao rebozados en huevo y fritos, y envueltos en una tirita de pimentón.

jambon (n.m.) cru et fumé de montagne
jamón (n.m.) serrano
El jamón serrano más conocido procede de Jabugo (Hueva), Guijuelo (Salamanca) o Treveléz (Granada), aunque existen otros jamones de pata negra elaborados en distintos municipios españoles, que no desmerecen en calidad.

moules (n.f.pl.) marinière
mejillones (n.m.pl.) a la marinera

œuf (n.m.) dur
huevo (n.m.) duro

olives (n.f.pl.) (vertes ou noires)
aceitunas (n.f.pl.) u olivás (n.f.pl.) (verdes o negras)
La aceituna es la reina de las cosas de picar

omelette (n.f.) aux pommes de terre
tortilla (n.f.) de patatas

palourdes (n.f.pl.) (ou clovisses, n.f.pl.) à la marinière
almejas (n.f.pl.) a la marinera
Las almejas de gran calidad se van convirtiendo en una tapa de lujo por su alto precio.

poisson (n.m.) en marinade
pescado (n.m.) en adobo
En Andalucía, a cierta clase de pescado parecido al cazón (chien de mer) en adobo y frito se le llama "bienmesabe" o "bastina".

ris (n.m.) de veau
molleja (n.f.) de ternera

C

LA CUISINE RÉGIONALE ESPAGNOLE
La cocina regional española

agneau (n.m.) de lait rôti (Castille-Léon)
lechazo (n.m.) asado, o cordero (n.m.) lechal asado (Castilla-León)
En el restaurante, el lechal ha de pedirse en cuartos, que es como se asa mejor, y solicitar que incluyan los cuartos delanteros (son los más apreciados por la carne que rodea a las chuletillas).

agneau (n.m.) rôti (Castille-Léon)
cordero (n.m.) asado (Castilla-León)

beignets (n.m.pl.) de morue (Catalogne)
buñuelos (n.m.pl.) de bacalao (Cataluña)

bouillabaisse (n.f.) (sorte de) (Catalogne)
zarzuela (n.f.) (Cataluña)
La zarzuela es un plato a base de pescados y mariscos.

bourride (n.f.) catalane
Suquet de peix (n.m.)

bourride (n.f.) de raie (Majorque)
burrida (n.f.) de ratjada (Mallorca)
La burrida de ratjada se elabora con raya y una picada de almendras.

brandade (n.f.) (sorte de) (Manche)
atascaburras (n.m.) (Mancha)

brochette (n.f.) de sardines (Cantabrie)
espetón (n.m.) de sardinas (Cantabria)

cassolette (n.f.) (de poissons et fruits de mer) à la mode asturienne (dite: bouillabaisse des Asturies)
caldereta (n.f.) asturiana

cassoulet (n.m.) (sorte de) (Asturies)
fabada (n.f.) asturiana

civelles (n.f.pl.) ou pibales (n.f.pl.) (alevins d'anguilles) à la mode de Bilbao (Pays Basque)
angulas (n.f.pl.) (alevines o crías de anguila) a la bilbaína (País Vasco)

cochon (n.m.) de lait rôti ou porcelet (Castille-Léon)
cochinillo (n.m.) o lechoncillo asado (Castilla-León)

colin (n.m.) à la galicienne
merluza (n.f.) a la gallega

crevettes (n.f.pl.) (roses) ou bouquets à l'ail (Galice)
gambas (n.f.pl.) al ajillo (Galicia)

daurade ou dorade (n.f.) grise (au four) au sel (Murcia)
dorada (n.f.) a la sal

daurade ou dorade (n.f.) rose (au four) à la madrilène
besugo (n.m.) (al horno) a la madrileña
El besugo al horno caracteriza la mesa navideña de Madrid.

escabèche (n.f.) (perdrix à l') (Castille-La Manche)
escabeche (n.m.) (perdices en)

fèves (n.f.pl.) à la catalana
habas (n.f.pl.) a la catalana

friand (n.m.) (Galice)
empanadilla (n.f.) (Galicia)
La empanadilla es un pastel pequeño relleno de carne picada (hachée) o de otro manjar.

fricassée (n.f.) de poule (Madrid)
pepitoria (n.f.) de gallina (Madrid)

frit (-e) (adj.), friture (n.f.)
frito (-a) (adj.)
Lenguados (soles) fritos.
frito (n.m.)
Andalucía es la zona de los fritos.

friture (n.f.) d'alevins à l'andalouse (Malaga)
chanquetes (n.m.) a la malagueña

garbure (n.f.) à la galicienne
caldo (n.m.) gallego
El caldo gallego es un plato típico de Galicia, a base de judías (haricots blancs), patatas, grelos y hueso de cerdo.

gazpacho (n.m.) (soupe froide andalouse)
gazpacho (n.m.) (andaluz)
El gazpacho es una sopa fría con agua, sal, aceite de oliva, vinagre, pepino (concombre), cebolla, tomate y miga de pan, que se sirve con una guarnición a base de jamón serrano picado a dados pequeños, cebolla picada, pepino picado, pimiento picado, tomate picado, y huevo duro picado.

grillade (n.f.) de crustacés et de poissons (Valence)
parrillada (n.f.) de marisco y pescado (Valencia)

jambonneau (n.m.) aux feuilles de navets (Galice)
lacón (n.m.) con grelos (Galicia)

macédoine (n.f.) (jardinière) de légumes (Navarre)
menestra (n.f.) de verduras (Navarra)

marmite (n.f.) du pêcheur (Murcie)
arroz al caldero (n.m.) (Murcia)

matelote (n.f.) de thon aux pommes de terre (Pays basque)
marmitako (n.m.) (País Vasco)

morue (n.f.) à la biscayenne
bacalao (n.m.) a la vizcaína

œufs (n.m.pl.) à l'andalouse
huevos (n.m.pl.) a la flamenca (Andalucía)

paella (n.f.) à la valencienne
paella (n.f.) valenciana
La paella valenciana es un plato festivo, de campo, que se cocina al aire libre y requiere cocerse sobre fuego de leña seca.

paella mixte (n.f.) (à la viande et aux fruits de mer)
paella mar y tierra (n.f.)

paella à sa façon (n.f.)
paella al libre albedrío (n.f.)

pâté (n.m.) en croûte (ou grande rissole) (Galice)
empanada (n.f.) (Galicia)
Se rellenan las empanadas gallegas de lamprea, xouva (anchois), berberechos (coques), vieiras, etc.

perdrix (n.f.pl.) à la mode de Ségovie ou de Tolède
perdices (n.f.pl.) a la segoviana o a la toledana

poêlée (n.f.) de mies de pain à l'ail (Estrémadure)
migas extremeñas (n.f.pl.) (Extremadura)

poivrons (n.m.pl.) farcis (La Rioja)
pimientos (n.m.pl.) rellenos (La Rioja)

pot au feu (n.m.)
cocido (n.m.)
Al cocido, plato nacional por excelencia, que se encuentra en cualquier punto de la Península, aunque cada uno ofrezca una versión particular, se le denomina de diferentes maneras: la olla, el pote (Galicia), el puchero (Islas Canarias), la escudella (Cataluña).

potée (n.f.) gitane au chou (Andalousie)
berza (n.f.) gitana Andalucía)

poulet (n.m.) (fricassée de) (Madrid)
pollo (n.m.) en pepitoria (Madrid)

poulet (n.m.) au "chilindrón" (Aragon, Navarre et la Rioja)
pollo (n.m.) al chilindrón (Aragón, Navarra y la Rioja)
El chilindrón es una salsa a base de pimientos rojos, ajos, cebolla, tomates.

poulpe (n.m.) à la galicienne
pulpo (n.m.) a feira (Galicia)

queue (n.f.) de taureau (en ragoût) (Andalousie)
rabo (n.m.) o cola (n.f.) de toro (Andalucía)

ragoût (n.m.) de gibier à plume (Navarre)
guiso (n.m.) de aves (Navarra)

ragoût (n.m.) de mouton à la navarraise ou à la mode d'Estrémadure
cochifrito (n.m.) navarro o extremeño

ratatouille (n.f.) de la Manche (Castille)
pisto (n.m.) manchego (Castilla)

riz (n.m.) en croûte (Alicante)
arroz (n.m.) con costra (Alicante)

riz (n.m.) à la marinière (avec des poissons et crustacés) (Valence)
arroz (n.m.) a banda (Valencia)

rognons (n.m.pl.) au Xérès (Andalousie)
riñones (n.m.pl.) al Jerez (Andalucía)

salade (n.f.) de fèves (Catalogne)
ensalada (n.f.) de habas (Cataluña)

salade (n.f.) variée de fruits de mer (Andalousie)
salpicón (n.m.) de mariscos (Andalucía)

sauce (n.f.)
salsa (n.f.)
El "romesco" es una salsa catalana (de Tarragona), especie de sofrito de cebolla y tomate al que se añaden pimientos de romesco o choriceros, ajo, perejil, almendras o avellanas tostadas y picadas, y especias como pimienta y laurel; en realidad, es más bien un guiso formado por el pescado, los ingredientes y la manera de condimentarlos.

> **sauce d'accompagnement**
> salsa que acompaña a la comlda
> *Las salsas que acompañan a la comida son, por ejemplo, la mahonesa (mayonnaise), el alioli o ajiaceite (ailloli), y el "mojo", típico de las Islas Canarias, que es una salsa picante preparada con ajo, guindilla, comino y pimientos, todo ello mezclado con aceite, sal y vinagre.*

soupe (n.f.) à l'ail (Galice et Léon)
sopa (n.f.) de ajo (Galicia y León)

soupe (n.f.) épaisse aux féculents et légumes (Catille et Léon)
potaje (n.m.)
El tradicional potaje "de vigilia" (Castilla y León) aúna garbanzos, espinaca y bacalao, o sea, una fécula, una verdura, un pescado.

tourte (n.f.) aux légumes (Baléares)
coca (n.f.) de verduras (Baleares)

tripes (n.f.pl.) à la madrilène
callos (n.m.pl.) a la madrileña

truite (n.f.) (farcie) à la navarraise
trucha (n.f.) (rellena) a la navarra

D

DESSERTS ET SUCRERIES
Postres y dulces

abricot (n.m.)
albaricoque (n.m.)

ananas (n.m.)
piña (n.f.)

baba (n.m.) au rhum
bizcocho (n.m.) borracho

banane (n.f.)
plátano (n.m.)

biscuit (n.m.) (à pâte légère s'apparentant à la génoise)
bizcocho (n.m.)
Los bizcochos pueden ser espumosos (son los que incorporan claras montadas a punto de nieve) o de mantequilla, tipo genovesa, al gusto.

biscuit (n.m.) sec (ou galette, n.f., ou petit gâteau sec)
galleta (n.f.)

> **biscuits salés**
> galletas saladas (n.f.)

bonbon (n.m.) (au sucre)
caramelo (n.m.)

caramel (n.m.)
pastilla (n.f.) de café con leche

cerise (n.f.)
cereza (n.f.)

chocolat (n.m.) (bonbon au)
bombón (n.m.)
Una caja de bombones (une boîte de chocolats).

compote (n.f.)
compota (n.f.)
Una compota de manzana y frutos secos.

confiserie (n.f.)
confitería (n.f.)
La confitería es a la vez el arte de fabricar dulces y la tienda donde se venden.

petites confiseries aux jaunes d'œuf (Andalousie)
yemas (n.f.) (Andalucía)
En realidad fue Santa Teresa la que expandió las yemas por el sur de España cuando salió de Avila a crear conventos de su orden.

confiture (n.f.)
confitura (n.f.), mermelada (n.f.)
La confitura se diferencia de la mermelada por estar las frutas menos troceadas.

crème (n.f.) catalane
crema (n.f.) catalana
La textura cremosa de la crema catalana obtenida con huevos y leche frescos contrasta con la costra de azúcar caramelizada.

crème (n.f.) caramel ou renversée
flan (n.m.)

crème (n.f.) fouettée
nata (n.f.) batida

crème (n.f.) frite
leche (n.f.) frita

crème (n.f.) glacée
mantecado (n.m.)
De todos los helados que tienen como base la leche, el mantecado es el clásico por excelencia y el preferido en España.

crêpe (n.f.)
crêpe (n.f.)
filloa (n.f.)
Típica de la cocina gallega, se espolvorea la filloa con azúcar y miel una vez frita.

dessert (n.m.)
postre (n.m.)
Arroz, leche y fruta confitada son tres alimentos esenciales en la elaboración de postres caseros y muy españoles.

figue (n.f.)
higo (n.m.)

flan (n.m.)
flan (n.m.)
El "tocino de cielo" (Andalucía) es una especie de flan compuesto de yema de huevo y almíbar.

four (n.m.) (petit)
pasta (n.f.) de té
Después de comer viene muy bien un cava dulce con alguna pasta de té tipo teja.

fraise (n.f.)
fresa (n.f.)

framboise (n.f.)
frambuesa (n.f.)

friandises (n.f.pl.)
dulces (n.m.pl.)

fromage (n.m.) blanc
cuajada (n.f.) o requesón (n.m.)
Con la leche del Norte de España se produce la delicada cuajada de textura gelatinosa sin acidez.

fruit (n.m.)
fruta (n.f.) (au singulier au sens collectif)

fruits de saison
fruta del tiempo o de temporada

fruits exotiques
fruta exótica

fruits confis ou givrés
fruta confitada o escarchada
Las frutas de Aragón son frutas confitadas recubiertas de chocolate.
fruto (n.m.)

fruits secs
frutos secos

galette (n.f.) des rois
roscón (n.m.) de Reyes

gâteau (n.m.)
pastel (n.m.) (petits gâteaux individuels)
tarta (n.f.) (gros gâteau à découper en parts)
La tarta de Santiago de almendra y yema simboliza con su vieira la ruta de los peregrinos jacobeos.

gâteau glacé
tarta helada

gâteau roulé et fourré (Andalousie)
brazo de gitano (Andalucía)

gâteau en forme de spirale (Majorque)
ensaimada (n.f.) (Mallorca)

gelée (n.f.)
jalea (n.f.)

génoise (n.f.)
bizcocho (n.m.)

glace (n.f.)
helado (n.m.)
helado de vainilla y chocolate.

cornet (n.m.) de glace
barquillo (n.m.), cucurucho o tronco-cono de helado

palette (n.f.) de glace
paleta (n.f.) de helado

marmelade (n.f.)
mermelada (n.f.)

massepain (n.m.)
mazapán (n.m.)
Los mazapanes de más renombre son los de Toledo.

melon (n.m.)
melón (n.m.)

meringue (n.f.)
merengue (n.m.)

miel (n.m.)
miel (n.f.)

mille-feuille (n.m.)
milhojas (n.m.)

mousse (n.f.) au chocolat
espuma (n.f.) de chocolate

orange (n.f.)
naranja (n.f.)

pain (n.m.) perdu
torrija (n.f.)
La torrija es una rebanada de pan bien remojada en leche azucarada, pasada por huevo batido, frita en abundante aceite, y espolvoreada con azúcar y canela.

pastèque (n.f.)
sandía (n.f.)

pâte (n.f.)
masa (n.f.) o pasta (n.f.)

pâte brisée
masa quebrada o brisa

pâte feuilletée
masa hojaldrada o pasta de hojaldre

pâte (n.f.) de fruit
dulce (n.m.) de fruta

pâte (n.f.) de coing
carne (n.f.) de membrillo

pâtisserie (n.f.)
pastelería (n.f.) o repostería (n.f.)
Marie Antonin Carême dijo: "Las bellas artes son cinco, a saber : la pintura, la escultura, la música, la poesía y la arquitectura, la cual tiene como rama principalísima a la pastelería".

pêche (n.f.)
melocotón (n.m.)

poire (n.f.)
pera (n.f.)

pomme (n.f.)
manzana (n.f.)

prune (n.f.)
ciruela (n.f.)

riz (n.m.) au lait
arroz (n.m.) con leche

salade (n.f.) de fruits
ensalada (n.f.) de frutas
La ensalada de frutas al cava queda muy bien si se perfuma con un poco de canela.

sirop (n.m.)
almíbar (n.m.)
Melocotones en almíbar.
jarabe (n.m.)
El jarabe se emplea para la preparación de confituras y mermeladas, para bañar pasteles y acaramelar tartas.

sorbet (n.m.)
sorbete (n.m.)
Un sorbete de kiwis y fresa.

sucreries (n.f.pl.)
dulces (n.m.pl.)
Más de un centenar de conventos femeninos andaluces perpetúa la elaboración de exquisitos dulces.

tarte (n.f.)
tarta (n.f.)
La tarta de naranja, especialidad valenciana, es un homenaje al árbol que en invierno ofrece el color y sabor de su inigualable fruta y en primavera el aroma del azahar.

touron (n.m.)
turrón (n.m.)
El turrón que se elabora en Alicante, Jijona y todo el Levante español es una masa compuesta de almendras, piñones, avellanas, nueces tostadas, mezclados con miel o azúcar.

E

BOISSONS, VINS ET LIQUEURS
Bebidas, vinos y licores

aérer (v.tr.)
airear (v.tr.)
Una forma sencilla de airear una botella es abrirla unas horas antes de presentarla en la mesa.

anis (n.m.)
anís (n.m.)
El anís de Chinchón es ideal para disfrutarlo solo y con hielo también.

■ **apéritif (n.m.)**
aperitivo (n.m.)

■ **appelation (n.f.) d'origine contrôlée (abréviation en France: A.O.C.)**
denominación (n.f.) de origen calificada (abreviatura en España: D.O.C.)

Un vino de denominación de origen ha sido cosechado (récolté), criado (élevé), y elaborado en el espacio geográfico, región, comarca, lugar o localidad autorizada para usar el apelativo.

arôme (n.m.)
aroma (n.m.)
Le recomiendo este tinto completo en aromas, amplio en la boca, carnoso.

■ **barman (n.m.)**
barman (n.m.)
El barman tiene que ser psicólogo y medio psiquiatra para comprender al cliente.

■ **bière (n.f.)**
cerveza (n.f.)
Entre los jóvenes, bebedores más adeptos del lúpulo (houblon) que de la uva (raisin), la bebida de moda es ahora la cerveza.

bière blonde, brune
cerveza rubia, negra

bière à la pression
cerveza de barril
Las cañas de cerveza de barril son tiradas a grifo (robinet).

un demi de bière
una caña de cerveza

une chope de bière
una jarra de cerveza o un bock de cerveza

une canette (ou cannette) de bière
un quinto de cerveza

une bouteille de bière (d'un litre)
una litrona

■ **boire (v.tr. et intr.)**
beber (v. tr. e intr.)
beber por (o: a) la salud de uno (o brindar por uno).

boire à petites gorgées
beber a tragos

boire à la régalade
beber a chorro

boire d'un trait
beber de un trago

donner à boire
echar de beber

■ **boisson (n.f.)**
bebida (n.f.)
una bebida alcohólica.

boisson fraîche (ou rafraîchissement)
refresco (n.m.)

boisson (n.f.) frappée
batido (n.m.)
A base de hortalizas y frutas, combinadas con leche, helado o yogur, los batidos constituyen una bebida ideal para el verano.

bouchon (n.m.) de liège
tapón (n.m.) de corcho, o corcho (n.m.)
Conviene evitar resecamientos (dessèchements) en el tapón y, por lo tanto, recomendar la colocación horizontal de las botellas en el botellero.

bouquet (n.m.)
buqué (n.m.) o bouquet (n.m.)
Los vinos de la Rioja son vinos que poseen una buena composición aromática, una robustez media y un excelente buqué.

■ **bouteille (n.f.)**
botella (n.f.)
Rechácese toda botella que no haya sido abierta ante el consumidor.

type de bouteille
tipo de botella
Para los vinos de mesa se utilizan generalmente tres tipos de botellas: la bordalesa, la del Rín y la de Borgoña.

mise en bouteille
embotellamiento

■ **café (n.m.)**
café (n.m.)

café crème
café cortado

café noir
café solo

café au lait
café con leche

café arrosé de cognac ou parfois d'anis
carajillo (n.m.)

café décaféiné
café descafeinado

casier (n.m.) à bouteilles (porte-bouteilles)
botellero (n.m.)
Los enólogos aconsejan la colocación de los vinos blancos en las zonas del botellero más próximas al suelo, mientras que a los vinos tintos dedican las zonas medias y superiores.

■ **cave (n.f.)**
bodega (n.f.)
El lugar ideal para conservar el vino es la bodega bajo tierra.
cava (n.f.)
Crear la propia cava exige una selección muy personal: a cada uno su cava.

caviste (n.m.)
bodeguero (n.m.)
El bodeguero es la persona que cuida de la bodega.

cépage (n.m.)
cepa (n.f.)
La cepa predominante en la zona de Jerez es el Palomino.

chambrer (n.m.) (un vin)
temperatura ambiente (poner un vino a la ...)

■ **champagne (n.m.)**
champán (n.m.) o champaña (n.m.)

bar à champagne
champañería
En Barcelona se encuentran champañerías donde se degustan vinos de champaña y especialmente cavas.

■ **chocolat (n.m.)**
chocolate (n.m.)
Tras una noche de bares, el mejor desayuno para un español es un buen chocolate con churros (sorte de beignets allongés).

cidre (n.m.)
sidra (n.f.)
El vino de Asturias procede de la manzana y se llama sidra.

citronnade (n.f.)
limonada (n.f.)

■ **cocktail (n.m.)**
cóctel (n.m.) (pl.: cócteles)
Mi cóctel preferido es la piña colada que se prepara en coctelera con ron blanco, coco, ponche y zumo de piña.

■ **consommation (n.f.)**
consumición (n.f.)
Se incluye en el precio de la consumición un variado buffet de canapés.

contre-étiquette (n.f.)
contraetiqueta (n.f.)
Los vinos de la D.O. Rioja llevan en las contraetiquetas unas menciones que justifican el precio que por ellas se pide.

corps (n.m.)
cuerpo (n.m.)
Es un vino sin mucho cuerpo, pero amplio y con cierta potencia.

cru (n.m.) (grand)
pago (n.m.)
La palabra pago se aplica al viñedo (vignoble) o terruño (terroir) excepcional que confiere a los vinos cosechados en el distrito un rango distintivo de gran clase.

cruche (n.f.) à long bec
porrón (n.m.)

débit (n.m.) de boisson
despacho (n.m.) de bebidas

débit (n.m.) de vins (ou: cave, n.f.)
despacho (n.m.) de vinos (o: bodega, n.f.)

■ **débouchage (n.m.), déboucher (v.tr.)**
descorche (n.m.), descorchar (v.tr.)

décantation (n.f.), décanter (v.tr.),
decantación (n.f.), decantar (v.tr.)
Para decantar el vino, hay que disponer de una jarra decantadora que nos permita trasvasar el vino de la botella.

■ **degré (n.m.)**
grado (n.m.)
En cuanto al servicio de los tintos, hay que tener en cuenta su valor alcohólico: el ligero se sirve antes que el de grado.

■ **dégustateur (n.m.)**
catador (n.m.), catavinos (n.m.)

■ **dégustation (n.f.)**
cata (n.f.), degustación (n.f.)
El enólogo propone a los catadores una degustación a ciegas (à l'aveugle) entre cuatro botellas del mismo vino tinto de reserva (de réserve).

verre à dégustation
catavino (n.m.)
El catavino es una copa de forma especial, que se utiliza para probar el vino.

■ **déguster (v.tr.)**
catar (v.tr.), degustar (v.tr.)

dessous-de-verre (n.m.inv.)
posavinos (n.m.inv.)

■ **eau (n.f.)**
agua (n.f.)

eau plate, minérale, gazeuse, non gazeuse
agua natural, mineral, con gas, sin gas

eau de source
agua de manantial

eau de vie (n.f.) (de marc)
aguardiente (n.m.) (de orujo)

étiquette (n.f.)
etiqueta (n.f.)
La etiqueta expresa el tipo de vino, la firma comercial y consecuentemente, el tipo mercantil que produce el vino, además de añada, sello del Consejo Regulador de la D.O., contenido en volumen de la botella, registro del embotellador, de sanidad, y graduación alcohólica.

gin (n.m.)
ginebra (n.f.)
En las Baleares, Menorca, de tradición inglesa, produce una interesante ginebra.

glace (n.f.) pilée
hielo (n.m.) picado o machacado
El granizado es un refresco que se hace con hielo picado, café o limón.

glaçon (n.m.)
cubito (n.m.) de hielo

gourde (n.f.) en cuir
bota (n.f.)

granité (n.m.) de citron
granizado (n.m.) de limón
El granizado de limón es una bebida fría no alcohólica.

■ **jus (n.m.) (de fruit)**
zumo (n.m.)
Detrás de la barra del café, se ven dos grandes batidoras automáticas que preparan zumo de naranja (d'orange) la una y de limón (de citron) la otra.

lait (n.m.)
leche (n.f.)

lait en poudre écrémé
leche en polvo descremada

lie (n.f.) (ou dépôt, n.m.)
poso (n.m.) (o depósito) (dans une bouteille)
heces (n.f.pl.) o lías (n.f.pl.) del vino (dans un tonneau ou une cuve)
Sacar (soutirer) un vino de lías.

limonade (n.f.)
gaseosa (n.f.)

■ **liqueur (n.f.)**
licor (n.m.)
El licor de hierbas aromáticas de Ibiza (Baleares) es rico en aromas.

maître (n.m.) de chai
capataz (n.m.) de bodega

■ **mariage (n.m.) (entre vins et plats)**
maridaje (n.m.) (de vinos y platos)
El maridaje de vinos y platos merece un consejo y comentario del sumiller que oriente al cliente indeciso o inexperto.

■ **marier (se) (v.pr.) avec (en parlant des vins)**
casar (v.intr.) con, o emparejar (v.intr.) con
Los vinos dulces casan perfectamente con los postres, pastas de té (petits fours) y repostería (pâtisserie).

■ **millésime (n.m.)**
añada (n.f.)
La añada es la referencia verdadera del año de nacimiento de un vino o la fecha en que se cosechó.

minéralisation (n.f.)
mineralización (n.f.)
Mineralización muy débil, indicada para dietas pobres en sodio.

■ **œnologie (n.f.), œnologue (n.m.)**
enología (n.f.), enólogo (n.m.)

œnothèque (n.f.) (armoire à vins)
enoteca (n.f.) (armario enoteca)

orangeade (n.f.)
naranjada (n.f.)

orgeat (n.m.)
horchata (n.f.)
La horchata es una bebida de color blanco, ligera, dulce y refrescante, hecha de zumo de chufas (souchet) (especialidad de Valencia).

panaché (n.m.)
cerveza (n.f.) con gaseosa

panier (n.m.) verseur (corbeille à vin)
canastillo (n.m.), canastilla (n.f.) o cestillo (n.m.)
El canastillo de plata (argent) o mimbre (osier) permite mantener la botella en reposo y evitar conmociones al vino mientras se extrae el tapón o se sirve.

pipette (n.f.)
venencia (n.f.)

punch (n.m.)
ponche (n.m.)
Cinco deben ser los ingredientes básicos del ponche: un licor, una infusión, un edulcorante, un aromatizante y frutas.

"queimada" (punch typiquement galicien)
queimada (n.f.)
La queimada se prepara con aguardiente de orujo, limón, azúcar y unos granos de café, se toma caliente.

■ **rafraîchissement (n.m.) (ou: boisson fraîche)**
refresco (n.m.)

■ **récolte (n.f.), récolter (v.tr.)**
cosecha (n.f.), cosechar (v.tr.)

rhum (n.m.)
ron (n.m.)
Una destilería de ron (rhumerie).

robe (n.f.) (d'un vin)
vestido (n.m.) (de un vino)
La vista nos informa del estado de limpidez y transparencia del vino, de su color que es lo que se conoce con el nombre de "vestido del vino".

shaker (n.m.)
coctelera (n.f.)

■ **sommelier (n.m.)**
sumiller (n.m.) o "sommelier" (n.m., gal.)
En las cavas de un gran restaurante, los vinos evolucionan bajo la vigilancia de un sumiller que los somete a controles de calidad.

taste-vin ou tâte-vin (n.m.)
catavino (n.m.) o taza (n.f.) de catar
El catavino de plata tiene la forma de una taza plana, con el centro y los bordes levantados para que refleje bien el color y el brillo del vino.

thé (n.m.)
té (n.m.)
En algunos lugares de España, se ha puesto de moda el té irlandés a base de té, whisky quemado y nata.

■ **tire-bouchon (n.m.)**
sacacorchos (n.m.)
El sacacorchos más utilizado por los profesionales es el denominado "sommelier" con sus tres elementos: la navaja, el elevador y la espiral.

toast (n.m.)
brindis (n.m.)
Echar un brindis.

porter un toast à quelqu'un
brindar (v.intr.) por uno

■ **trinquer (v.intr.) (choquer les verres)**
brindar (v.intr.) (chocar las copas)

vendange (n.f.)
vendimia (n.f.)

■ **verre (n.m.)**
vaso (n.m.)

verre à pied
copa (n.f.)
Los grandes vinos necesitan desarrollar todo su contenido noble sobre ligeras y transparentes copas de cristal.

boire ou prendre un verre de vin
beber o tomar una copa, un vaso o un chato de vino

aller prendre un verre
ir de tascas

verre (n.m.) mélangeur
vaso (n.m.) mezclador

■ **verser (v.tr.) à boire**
escanciar (v.tr.)

■ **vieillissement (n.m.)**
envejecimiento (n.m.)
La diferencia entre un vino de crianza (de race) y un tinto de reserva es el tiempo de envejecimiento: un vino tinto de crianza soporta un mínimo de dos años naturales de crianza, y un tinto de reserva un mínimo de tres años.

■ **vin (n.m.)**
vino (n.m.)
Es imprescindible rociar una cena con buen vino.

vin blanc, clairet, rosé, rouge
vino blanco, clarete, rosado, tinto

Los vinos blancos o rosados deben servirse fríos, mientras los vinos tintos deben servirse a la temperatura ambiente (chambrés), es decir a la temperatura de la habitación donde se coma.

vin mousseux
vino espumoso
El cava (de Sant Sadurni d'Anoia, en Cataluña) es un vino espumoso natural que se adapta a cualquier circunstancia: es apto para celebrar un éxito o también para consolarse de un fracaso.

vin pétillant (avec de fines bulles de gaz carbonique)
vino de aguja (con finas burbujas de gas carbónico)

vin doux, sec
vino dulce, seco

vin doux naturel
vino rancio

vin léger, suave, velouté
vino ligero, suave, aterciopelado

vin corsé, généreux
vino de cuerpo, generoso

vin vert
vino agraz

vin de consommation courante
vino de consumo corriente

vin du pays (ou: du cru, de la région)
vino del país o de la tierra
Para acompañar las comidas, nada mejor que los vinos del país, que son vinos comarcales algo más apreciados que los vinos de consumo corriente.

vin (très) vieux
vino (muy) añejo
Los vinos añejos son vinos viejos que han permanecido muchos años en botella.

bon vin
caldo
Algunos españoles castizos utilizan todavía la palabra "caldo" como sinónimo de buen vino.

grand vin
vino de prestigio
El jerez (xérès) es un vino de prestigio.

vin coupé, vin trempé
vino mezclado, vino aguado

vin d'honneur
vino de honor

vin compris
vino incluido

whisky (n.m.)
whisky (n.m.)
En los últimos años, se ha producido una irresistible ascensión del whisky importado de su lugar de origen, Escocia.

3

LA CUISINE
La cocina

A

PRODUITS ALIMENTAIRES ET INGRÉDIENTS
Productos alimenticios e ingredientes

ail (n.m.)
ajo (n.m.)
El ajo es un elemento común en las diez y siete cocinas de España.

chapelet d'aulx
ristra de ajos

gousse d'ail
diente de ajo

tête d'ail
cabeza de ajo

aliment (n.m.)
alimento (n.m.)
Los alimentos transgénicos son los que están elaborados con materias primas vegetales o animales genéticamente alteradas.

■ **alimentaire (adj.)**
alimentario (-a) (adj.)

habitudes alimentaires
hábitos alimentarios
La cocina regional debe adaptarse a los nuevos hábitos alimentarios.

alimenticio (-a) (adj.)

denrées ou produits alimentaires
productos alimenticios
Los productos alimenticios deshidratados, liofilizados o congelados, tales como los fondos de carne, las salsas y los platos precocinados que necesitan un recalentamiento, se denominan "convenience food".

amande (n.f.)
almendra (n.f.)
Las almendras fritas es una de las tapas preferidas por los estudiantes.

artichaud (n.m.)
alcachofa (n.f.)

araignée (n.f.) de mer
centolla (n.f.) o centollo (n.m.)

asperge (n.f.)
espárrago (n.m.)

asperges sauvages
espárragos trigueros

botte d'asperges
manojo (n.m.) de espárragos

aubergine (n.f.)
berenjena (n.f.)

basilic (n.m.)
albahaca (n.f.)

baudroie (n.f.) (ou lotte, n.f.)
rape (n.m.)

bette (n.f.) ou blette (n.f.)
acelga (n.f.)

beurre (n.m.)
mantequilla (n.f.)
Los españoles consumen poca mantequilla, apenas 600 gramos par habitante y año.

bonite (n.f.)
bonito (n.m.)

boudin (n.m.)
morcilla (n.f.)

boudin à l'oignon
morcilla de cebolla

bouillon (n.m.)
caldo (n.m.)

bouillon (ou: eau) de cuisson (des ...)
caldo (o agua) de hervir (los o las...) o caldo obtenido en la cocción (o resultante de la cocción) de los o las...

bouillon de légumes
caldo de verduras o vegetal

bouillon de volaille
caldo de ave

bouillon cube
pastilla (n.f.) de caldo

cacao (n.m.)
cacao (n.m.)

canard (n.m.)
pato (n.m.)

cannelle (n.f.)
canela (n.f.)

câpre (n.f.)
alcaparra (n.f.) o alcaparrón (n.m.)
La alcaparra abunda en Murcia y Valencia y prolifera en Baleares.

carotte (n.f.)
zanahoria (n.f.)

céleri (n.m.)
apio (n.m.)

champignon (n.m.)
hongo (n.m.) o champiñón (n.m.)
Los hongos son comestibles en algunas especies y venenosos en otras.

seta (n.f.)
Las setas son especies de hongos de forma de sombrero.

chapelure (n.f.) (ou panure, n.f.)
pan (n.m.) rallado
Se añade al sofrito preparado un poco de pan rallado para que espese.

chapon (n.m.)
capón (n.m.)

charcuterie (n.f.)
embutidos (n.m.pl.), charcutería (n.f., gal.)
Entre los embutidos curados (séchés) y ahumados (fumés), destacan los chorizos (saucisses au paprika), salchichones (saucissons) y longanizas (saucisses allongées s'apparentant au chorizo).

châtaigne (n.f.)
castaña (n.f.)
Las castañas que abundan en el periodo otoñal constituyen la base de numerosos postres.

chou (n.m.)
col (n.f.), repollo (n.m.), berza (n.f.)

chou-fleur (n.m.)
coliflor (n.m.)

citron (n.m.)
limón (n.m.)

clou (n.m.) de girofle
clavillo (n.m.)

colin (n.m.)
merluza (n.f.)

concombre (n.m.)
pepino (n.m.)

condiment (n.m.)
condimento (n.m.)

conserve (n.f.)
conserva (n.f.)

boîte de conserve
lata (n.f.) de conservas
Se utilizan guisantes desgranados (si es la temporada) o, en su defecto, guisantes de lata.

coquille Saint-Jacques (n.f.)
vieira (n.f.)

côtelette (n.f.)
chuleta (n.f.) o costilla (n.f.)
Una chuleta de cordero o una costilla de cerdo.

courgette (n.f.)
calabacín (n.m.)

crabe (n.m.)
cangrejo (n.m.) de mar

crème fraîche (n.f.)
nata (n.f.) o crema (n.f.) fresca

crevette (n.f.)
camarón (n.m.) (petite crevette grise)
quisquilla (n.f.) (petite crevette rose)

gamba (n.f.) (crevette rose de taille moyenne ou bouquet)
langostino (n.m.) (crevette royale ou bouquet royal)
carabinero (n.m.) (très grosse crevette ou gamba)

cumin (n.m.)
comino (n.m.)

darne (n.f.) (tranche de poisson)
rodaja (n.f.) o rueda (n.f.) (de pescado)

datte (n.f.) de mar
dátil (n.m.) de mar

denrées (n.f.pl.) périssables
géneros (n.m.pl.) perecederos

denté (n.m.)
dentón (n.m.)

dinde (n.f.)
pavo (n.m.)
Antes, al pavo precedía en la cena navideña una suave sopa de almendras.

échalote (n.f.)
chalote (n.m.), escalonia (n.f.) o escalona (n.f.)

écorce (n.f.) (d'orange)
cáscara (n.f.) o corteza (n.f.) (de naranja)

écrevisse (n.f.)
cangrejo (n.m.) de río

encornet (n.m.)
calamar (n.m.)

encornet (petit)
chipirón (n.m.)

épaule (n.f.)
codillo (n.m.)
Codillo de cerdo o de cordero.

épice (n.f.)
especia (n.f.)

épinard (n.m.)
espinaca (n.f.)

escalope (n.f.) (de veau)
escalopa (n.f.) (de ternera)

espadon (n.m.) (ou poisson-épée)
emperador(n.m.) o pez espada (n.m.)

estragon (n.m.)
estragón (n.m.)

farine (n.f.)
harina (n.f.)

fenouil (n.m.)
hinojo (n.m.)

filet (n.m.) de bœuf
solomillo (n.m.)

faux filet
solomillo bajo

filet (n.m.) de porc
lomo (n.m.) de cerdo

foie (n.m.)
hígado (n.m.)

gigot (n.m.)
pierna (n.f.)
Pierna de cordero.

haricot (n.m.) blanc
alubia (n.f.), judía (n.f.) o habichuela (n.f.)

haricots secs
judías secas

gros haricots blancs (Segovia)
judiones

haricot (n.m.) vert
judía (n.f.) verde o habichuela (n.f.) verde

herbe (n.f.) aromatique
hierba (n.f.) aromática
Un ramito (o: un atadillo) de hierbas aromáticas.

homard (n.m.)
bogavante (n.m.)

huile (n.f.) d'olive ou huile végétale
aceite (n.m.) de oliva o aceite vegetal
La cocina española es la cocina del ajo y aceite de oliva.

huile de friture
aceite de freír

bidon d'huile
lata (n.f.) de aceite

huître (n.f.)
ostra (n.f.)

huître portugaise
ostión (n.m.)

langouste (n.f.)
langosta (n.f.)

langoustine (n.f.)
cigala (n.f.)

lapin (n.m.)
conejo (n.m.)
La rabadilla (le râble) es la parte más apreciada del conejo.

lard (n.m.)
tocino (n.m.)

lard fumé
tocino ahumado

lard gras
tocino gordo

lard maigre ou petit lard
tocino entreverado

laurier (n.m.)
laurel (n.m.)

feuille de laurier
hoja de laurel

légume (n.m.) vert
verdura (n.f.)
hortaliza (n.f.) (plante potagère)

légume (n.m.) sec
legumbre (n.f.)
Los españoles se sitúan a la cabeza en Europa en el consumo de legumbres.

lentille (n.f.)
lenteja (n.f.)
Uno de los platos típicos españoles son las lentejas con chorizo y albóndigas.

levure (n.f.)
levadura (n.f.)

lièvre (n.m.)
liebre (n.f.)

limande (n.f.)
gallo (n.m.)

loup de mer (n.m.) ou bar (n.m.)
lubina (n.f.)
La lubina a la plancha es considerada como el súmmum del arte culinario y del refinamiento.

merlan (n.m.)
pescadilla (n.f.)

mérou (n.m.)
mero (n.m.)

mie (n.f.) de pain
miga (n.f.) de pan

moelle (n.f.)
tuétano (n.m.)

moutarde (n.f.)
mostaza (n.f.)
Existen varios tipos de mostaza y entre las variedades clásicas caben destacar como condimento, la de Dijon (que tiene una textura cremosa y su color es amarillo), la de Burdeos (su color es un ama-

rillo más oscuro tirando a marrón), la de Meaux (su textura es granulosa), la inglesa (mezclada con cúrcuma, jengibre y harina), la alemana (parecida a la francesa pero más oscura), la italiana (proveniente de Bari), etc.

mulet (n.m.)
mújol (n.m.)

museau (n.m.)
morro (n.m.)
El morro de cerdo.

noisette (n.f.)
avellana (n.f.)

noix muscade (n.f.)
nuez moscada (n.f.)

œuf (n.m.)
huevo (n.m.)
Un huevo crudo.

> **blanc d'œuf**
> clara (n.f.) de huevo

> **jaune d'œuf**
> yema (n.f.) de huevo

oignon (n.m.)
cebolla (n.f.)

origan (n.m.)
orégano (n.m.)

os (n.m.)
hueso (n.m.)
Un trozo de hueso de jamón.

> **os à moelle**
> hueso con tuétano

oursin (n.m.)
erizo de mar (n.m.)

persil (n.m.)
perejil (n.m.)

> **branche (n.f.) de persil**
> rama (n.f.) de perejil

petit salé (n.m.)
tocino saladillo (n.m.)

pied (n.m.) de porc
pie (n.m.) de cerdo

pignon (n.m.)
piñón (n.m.)
El piñón es un ingrediente muy apreciado por los niños en los asados de cordero.

piment (n.m.)
pimiento (n.m.)
guindilla (n.f.) (petit piment rouge piquant)

> **piment doux moulu ou paprika doux (en poudre)**
> pimentón dulce molido (en polvo)
> piment fort
> pimentón picante

pincée (n.f.)
pellizco (n.m.)
Un pellizco de sal.

pointe (n.f.) (soupçon)
pizca (n.f.)
Una pizca de sal o de pimienta negra.
punta (n.f.)
Una punta de guindilla.

poireau (n.m.)
puerro (n.m.)

pois (n.m.pl.) (petits)
guisantes (n.m.pl.) o chícharos (n.m.pl.)

pois (n.m.) chiche
garbanzo (n.m.)
Fueron los cartagineses quienes trajeron el garbanzo a España.

poisson (n.m.)
pescado (n.m.)
Se dice pescado del pez que es comestible y ha sido ya sacado del agua.

> **poisson à chair ferme**
> pescado de carne dura

poivre (n.m.)
pimienta (n.f.)

poivre blanc ou noir
pimienta blanca o negra

poivre en grain
pimienta en grano

poivre moulu
pimienta molida

poivron (n.m.)
pimiento (n.m.)
Los pimientos frescos, rojos o verdes, se utilizan crudos o previamente asados, y reducidos a tiras.

pomme (n.f.) de terre
patata (n.f.)
El mérito de Parmentier consiste en haber llevado la patata a la cocina de Luis XVI.

pommes vapeur
patatas al vapor

poule (n.f.)
gallina (n.f.)

pousse-pied (n.m.)
percebe (n.m.)

primeurs (n.f.pl.)
hortalizas (n.f.pl.) tempranas

raie (n.f.)
raya (n.f.)

riz (n.m.)
arroz (n.m.)
El secreto de la paella como de los otros arroces valencianos es la peculiar textura con que queda su grano tras la cocción (cuisson).

riz pilaf
arroz pilaf

romarin (n.m.)
romero (n.m.)

rouget (n.m.)
salmonete (n.m.)

safran (n.m.)
azafrán (n.m.)
Como el azafrán es tan caro, actualmente se utilizan muchos sucedáneos que imitan tanto su sabor como su color.

brin de safran
hebra (n.f.) de azafrán

sachet de safran
papelillo (n.m.) de azafrán

saindoux (n.m.) (de porc)
manteca (n.f.) (de cerdo)

saumon (n.m.)
salmón (n.m.)

saumon fumé
salmón ahumado

sardine (n.f.)
sardina (n.f.)
Se prefiere la sardina grande y grasa para asar a la parrilla.

sauge (n.f.)
salvia (n.f.)

seiche (n.f.)
sepia (n.f.)

sel (n.m.)
sal (n.f.)

gros sel ou sel de cuisine
sal gorda

sel fin
sal fina

sole (n.f.)
lenguado (n.m.)

sucre (n.m.)
azúcar (n.f. o m.)

sucre blanc, rafiné ou roux
azúcar blanco, refinado o moreno

sucre en morceaux, en poudre
azúcar en terrones, en polvo

sucre glace
azúcar glas

thon (n.m.)
atún (n.m.)

thym (n.m.)
tomillo (n.m.)

tomate (n.f.)
tomate (n.m.)

sauce tomate concentrée
salsa de tomate concentrada

tourteau (n.m.)
buey (n.m.) de mar

tranche (n.f.)
rebanada (n.f.) (de pan)
loncha (n.f.) o lonja (n.f.) (de jamón)
raja (n.f.) (de pescado, queso, salchichón, sandía o melón)
rodaja (n.f.) (de salchichón)
tajada (n.f.) (de carne, sandía o melón)

truffe (n.f.)
trufa (n.f.)
Los gastrónomos franceses llamaron a la trufa el "diamante negro" de la gastronomía.

turbot (n.m.)
rodaballo (n.m.)

vermicelle (n.m.) (gros)
fideo (n.m.) (gordo)

viande (n.f.)
carne (n.f.)
Una carne magra.

viande de bœuf
carne de vaca
viande de mouton
carne de cordero

viande de porc
carne de cerdo

viande de veau
carne de ternera

viande froide (assiette anglaise)
fiambre (fiambres variados)

vinaigre (n.m.)
vinagre (n.m.)
El vinagre es imprescindible para la elaboración de escabeches, adobos (marinade) o en encurtidos (conserves au vinaigre).

vinaigre de vin vieux
vinagre de vino viejo
los vinagres de vino pueden aromatizarse con diferentes hierbas o frutas.

vinaigrette (n.f.)
vinagreta (n.f.)
La vinagreta ha de seguir un orden: primero la sal, luego el vinagre (para disolverla) y, por último, el aceite.

volaille (n.f.) (d'élevage ou gibier)
ave (n.f.) (de corral o de caza)
Los españoles prefieren hablar de un ave en particular (pato, pollo, pintada, pularda ...) antes que utilizar la palabra ave.

zeste (n.m.) (de citron)
cáscara (n.f.) o corteza (n.f.) (de limón)

B

ÉQUIPEMENTS ET USTENSILES DE CUISINE
Equipamientos y utensilios de cocina

aiguisoir (n.m.) (à couteaux)
afilador (n.m.) (de cuchillos)

anse (n.f.)
asa (n.f.)

Una cazuela con dos asas.

antiadhésif (-ive) (adj.)
antiadherente (adj.)
Las cacerolas antiadherentes son muy prácticas.

armoire (n.f.) frigorifique à timbres
armario (n.m.) frigorífico con timbres fríos

autoclave (n.m.) ou autocuiseur (n.m.)
autoclave (n.f.)

bac (n.m.) à glace
bandeja (n.f.) para los cubiletes de hielo

bac (n.m.) à grille
pila (n.f.) de rejilla

balance (n.f.)
balanza (n.f.)

barquette (n.f.) en papier
cápsula (n.f.) de papel
Hay que colocar en cápsulas de papel los pastelillos que pudieran manchar los dedos.

batterie (n.f.) de cuisine
batería (n.f.) de cocina

batteur (n.m.) à main
batidor (n.m.) de mano

batteur (n.m.) électrique
batidora (n.f.) eléctrica

billot (n.m.)
tajo (n.m.)
Se utiliza el tajo para cortar y picar la carne.

bol (n.m.)
bol (n.m.)
Hay boles de distintos tamaños para mezclar y batir.

café (machine, n.f., à)
cafetera exprés (n.f.)

café (service, n.m., à)
juego (n.m.) de café

cafetière (n.f.)
cafetera (n.f.)

casserole (n.f.)
cacerola (n.f.)
Disponer una cacerola con abundante agua salada.

casserole (n.f.) (petite ... à manche)
cazo (n.m.)

chambre (n.f.) froide
cámara (n.f.) frigorífica
Se conservan en la cámara frigorífica los géneros perecederos y los alimentos ya cocinados que van a ser consumidos en un tiempo más o menos inmediato.

chambre (n.f.) de congélation
cámara (n.f.) de congelación
Se almacenan en la cámara de congelación las materias primas perecederas que se han sometido a proceso de congelación o ultracongelación (surgélation).

chauffe-assiettes ou chauffe-plats (n.m.)
calientaplatos (n.m.)

chinois (n.m.) et poussoir de chinois en bois
colador chino (n.m.) y mano chino de madera (n.m.)

ciseaux (n.m.pl.)
tijeras (n.f.pl.)

congélateur (n.m.)
congelador (n.m.)

coquilleur (n.m.) à beurre
rizador (n.m.) de mantequilla

coupe-œufs (n.m.)
cortahuevos (n.m.)

couteau économiseur (n.m.)
pelapatatas (n.m.)

couvercle (n.m.)
tapadera (n.f.)

cocotte (n.f.)
olla (n.f.)

cocotte minute (n.f.)
olla (n.f.) a presión

crépière (n.f.)
crepetera (n.f.)

cuit-vapeur (n.m.) (à deux étages)
vaporera (n.f.) (de dos compartimentos)

dentelle (n.f.) de patisserie
blonda (n.f.)

écumoire (n.f.)
espumadera (n.f.)

égouttoir (n.m.)
escurridor (n.m.)

égouttoir (n.m.) à bouteilles ou if (n.m.)
escurrebotellas (n.m.)

égouttoir (n.m.) à vaisselle
escurreplatos (n.m.)

épluche-légumes (n.m.)
pelaverduras (n.m.)

essoreuse (n.f.) à salade
centrifugadora (n.f.)

évier (n.m.)
fregadero (n.m.)

fait-tout (n.m.inv.) ou faitout (n.m.)
marmita (n.f.)

fer (n.m.) à caraméliser
hierro (n.m.) de acaramelar
En la capa de azúcar molido previamente esparcida en la superficie de la crema catalana, se aplica un hierro calentado al rojo vivo.

ficelle (n.f.)
bramante (n.m.)

fil (n.m.) (de cuisine)
hilo (n.m.) (de cocina)

fouet (n.m.)
batidor (n.m.)

four (n.m.)
horno (n.m.)

four à micro-ondes (n.m.)
horno de microondas (n.m.)

fourneau (n.m.)
fogón (n.m.)

friteuse (n.f.) électrique
freidora (n.f.)

gaufrier (n.m.) (moule à gaufres)
gofrera (n.f.)

grill (n.m.)
parrilla (n.f.)

grille-pain (n.m.)
tostador (n.m.) de pan
El tostador de pan puede ser eléctrico o corriente para la llama.

hachoir (n.m.) à viande
máquina (n.f.) de picar carne o trinchacarne

hachoir (n.m.) demi-lune
media luna (n.f.) para picar

jatte (n.f.) à mixer
bol (n.m.) o cuenco

lèchefrite (n.f.)
grasera (n.f.)
La grasera sirve para recoger la grasa en el horno.

louche (n.f.)
cucharón (n.m.)

malaxeur (n.m.)
amasadora (n.f.)

manche (n.m.)
mango (n.m.)
Una cacerola con mango.

mandoline (n.f.)
mandolina (n.f.)
Para hacer patatas "rejilla" (pommes de terre gaufrettes) se utiliza un aparato especial llamado mandolina.

marmite (n.f.)
olla (n.f.), puchero (n.m.) o marmita (n.f.)

mortier (n.m.)
mortero (n.m.)

moule (n.m.)
molde (n.m.)
Un molde desmontable de tarta.

moule (n.m.) à flans
flanero (n.m.)

palette (n.f.)
paleta (n.f.)

papier (n.m.) absorbant
papel (n.m.) absorbente
Colocar las frituras sobre un papel absorbente.

papier (n.m.) d'aluminium
papel (n.m.) de aluminio

papillote (n.f.)
papillote (n.m.)
La cocción en papillote posee el encanto de la sencillez: los vapores se subliman, los jugos se concentran y el alimento se impregna de una salsa reducida y olorosa.

passoire (n.f.)
colador (n.m.)

passoire (n.f.) à légumes
escurreverduras (n.m.)

pelle (n.f.)
pala (n.f.)

pelle (n.f.) à gâteaux
paleta (n.f.)

penderie (n.f.) murale
espetera (n.f.)

planche (n.f.) à hacher
tabla (n.f.) de picar

plaque (n.f.) à patisserie
placa (n.f.) pastelera

plat à four (ovale) (n.m.)
bandeja (n.f.) (oval) para hornear

plat (n.m.) à paella
paella (n.f.) o paellera (n.f.)
La paellera es un recipiente de hierro a modo de sárten, de poco fondo y con dos asas.

plat (n.m.) en terre
cazuela (n.f.) de barro

plat (n.m.) (profond) allant au four
fuente (n.f.) (honda) de horno o de hornear

poche (n.f.) à douille
manga (n.f.) pastelera

Una manga pastelera con juego de boquillas (embouts).

poêle (n.f.) à frire
sartén (n.f.)

poissonnière (n.f.)
besuguera (n.f.)

pot (n.m.) (de confiture)
tarro (n.m.) (de mermelada)

presse-agrumes (n.m.)
exprimidora (n.f.) o exprimidero (n.m.)

presse-ail (n.m.)
exprimidor de ajos (n.m.)

presse-purée (n.m.inv.)
pasapurés (n.m.inv.)

prussienne (n.f.)
prusiana (n.f.)

râpe (n.f.)
ralladora (n.f.)

récipient (n.m.)
recipiente (n.m.) o vasija (n.f.)

réfrigérateur (n.m.)
nevera (n.f.), frigorífico (n.m.) o refrigerador (n.m.)

réserve (n.f.)
almacén (n.m.)
El exceso de géneros en almacén es consecuencia de una mala gestión de compras.

rouleau (n.m.) à patisserie
rollo (n.m.) de masa o rodillo (n.m.) de pastelería

roulette (n.f.) à pâte
cortapastas (n.m.)

saladier (n.m.)
ensaladera (n.f.)

salamandre (n.f.)
salamandra (n.f.)

sauteuse (n.f.)
sárten (n.f.) honda para saltear

sauteuse (n.f.) basculante
sárten (n.f.) basculante

sorbetière (n.f.)
heladora sorbetera (n.f.)

spatule (n.f.) (en bois)
espátula (n.f.) (de madera)

tamis (n.m.)
cedazo (n.m.)

turbotière (n.f.)
besuguera (n.f.)

verre (n.m.) doseur
jarra (n.f.) medidora

C

PROCÉDÉS CULINAIRES
Técnicas de cocina

accompagner (v.tr.)
acompañar (v.tr.)
Se puede acompañar con un puré de patatas.

ajouter (v.tr.)
añadir (v.tr.) o agregar (v.tr.)
Se añade la salsa de tomate.

aromatiser (v.tr.)
aromatizar (v.tr.)
Aromatizar el aceite con ajo.

arroser (v.tr.)
rociar (v.tr.) o regar (v.tr.)

Se rocían las cebollas con el caldo resultante de su propia cocción, de manera que las cubra hasta la mitad.

bañar (v.tr.)

Durante la cocción hay que bañar el ave o la carne con el jugo que va soltando.

■ **assaisonner (v.tr.)**

sazonar (v.tr.) o condimentar (v.tr.)

La salsa se sazona con la pimienta y las hierbas aromáticas.

aderezar (v.tr.)

El rodaballo aderezado con una gustosa marinada a las especias es un plato riquísimo.

aliñar (v.tr.)

Aliñar la ensalada.

assaisonner (v.tr.) de sel et de poivre

salpimentar (v.tr.)

attacher (ou: s') (v.intr. ou pr.) (coller ou se coller)

agarrar(se) (v.pr.)

Se debe cuidar de que el guiso no se agarre al fondo de la cazuela.

pegar(se) (v.intr.)

El arroz se ha pegado.

attendrir (v.tr.) (amollir)

ablandar (v.tr.), enternecer (v.tr.)

Ablandar la carne.

bain-marie (n.m.)

baño María (n.m.)

Se pone a cocer al baño María en un horno previamente calentado.

barder (v.tr.)

albardar (v.tr.)

Se suele albardar las aves con tocino para proteger las pechugas.

battre (v.tr.)

batir (v.tr.)

Se baten las claras de los huevos a punto de nieve y las yemas con la crema de leche.

beurrer (v.tr.)

enmantequillar (v.tr.)

Se vierte la mezcla en un molde enmantequillado.

blanchir (v.tr.)

blanquear (v.tr.)

Blanquear durante siete u ocho minutos en agua hirviendo.

bouillir (v.tr. ou intr.) (faire)

hervir (v.tr. o intr.) (hacer)

El agua hierve a borbotones (à gros bouillons).

braiser (v.tr.) (faire)

brasear (v.tr.)

Se brasea la lechuga, cociéndola a fuego lento en su propio jugo en una cazuela tapada.

brider (v.tr.)

embridar (v.tr.)

Es preciso embridar las aves que se guisan enteras, sujetando las alas y patas con un bramante.

caraméliser (v. tr.)

acaramelar (v.tr.)

casser (v.tr.) les œufs

cascar (v.tr.) los huevos

Cascar los huevos y separar las yemas de las claras.

chauffer (v.tr.)

calentar (v.tr.)

Se calienta el aceite y en él se tuesta un ajo para aromatizarlo.

congeler (v.tr.), congélation (n.f.)

congelar (v.tr.), congelación (n.f.)

couleur (n.f.) (prendre)

color (n.m.) (tomar)

Cuando la cebolla empieza a tomar color (o: un color dorado o tostado) se le agrega el tomate.

couper (v.tr.)
cortar (v.tr.)
Cortar los tomates pelados.

couper en dés ou en petits carrés
cortar en dados o en cuadraditos

couper en fines lamelles
cortar en finas láminas

couper en lanières
cortar a tiras

couper en long (dans le sens de la longueur)
cortar en sentido longitudinal

couper en médaillons
cortar a medallones

couper en morceaux
cortar a trozos o en pedazos, o trocear (v.tr.)

couper en petits morceaux
cortar a pedacitos

couper en rondelles très fines (ou épaisses)
cortar en rodajas (o en arandelas) muy finas (o gruesas)

couper en tranches, émincer (v.tr.)
cortar a lonchas

court-bouillon (n.m.)
caldo corto (n.m.)
Se hace un caldo corto con las cabezas de las gambas previamente fritas.

couvert (-e) (adj.)
tapado (-a) (part.pas.)
Cocer durante una hora, tapado, a fuego lento.

couvrir (v.tr.)
cubrir (v.tr.)
Se cubre con el papel de aluminio.
tapar (v.tr.) (con una tapadera)
Antes de servir, dejar reposar la paella a la valenciana durante seis minutos previamente tapada.

cryodessication (n.f.) ou lyophilisation (n.f.)
criodesicación (n.f.) o liofilización (n.f.)

cryogénisation (n.f.)
criogenización (n.f.)

■ **cuillérée (n.f.)**
cucharada (n.f.)
Una cucharada de aceite.

cuillérée à soupe
cucharada sopera

cuillérée à dessert
cucharadita

■ **cuire (v.tr.)**
cocer (v.tr.) (à l'eau bouillante ou dans un bouillon)
Se sumergen los espaguetis en agua hirviendo y se cuecen "al dente".

mettre à cuire
poner a cocer
Poner a cocer en una olla.

cocinar (v.tr.) o guisar (v.tr.) (en sauce)
Se añade un poco de agua y se deja cocinar todo hasta que forme la salsa bien guisada.

■ **cuisson (n.f.)**
cocción (n.f.)
Mantener en (o: continuar la) cocción durante tres cuartos de hora.

découper (v.tr.)
trinchar (v.tr.)
Trinchar un pollo requiere un cuchillo afilado de hoja ancha.

découvert (à) (adj.)
descubierto (al) (n.m.)
Se deja cocer al descubierto durante diez minutos.

découvrir (v.tr.) (ôter le couvercle)
destapar (v.tr.)

Destapar y dejar cocer otros diez minutos.

défourner (v.tr.) (ou: retirer du four)
deshornar (v.tr.), desenhornar (v.tr.) (o: sacar del horno)

déglacer (v.tr.)
desglasar (v.tr.)
Desglasar la salsa con el caldo y aromatizarla con jerez.

dégraisser (v.tr.)
desgrasar (v.tr.)
Para desgrasar el caldo se utiliza una espumadera.

délayer (v.tr.)
desleír (v.tr.)
Desleír con un poco de agua de la cocción.

démouler (v.tr.)
desmoldear (v.tr.)
Dejar que se enfríe y desmoldear el pastel.

dénoyauter (v.tr.)
deshuesar (v.tr.)
Se utilizan aceitunas verdes deshuesadas.

désosser (v.tr.)
deshuesar (v.tr.)

dessaler (v.tr.)
desalar (v.tr.)
Se desala el bacalao introduciéndolo en agua fría durante un día.

dessécher (se) (v.pr.)
desecar(se) (v.pr.)
Hay que tapar la cazuela lo más herméticamente posible para que la carne no se reseque.

diluer (v.tr.)
diluir (v.tr.)
Se diluye con un cucharón de caldo.

dorer (v.tr.) (faire)
dorar (v.tr.)
En una sartén grande se pone aceite y se fríe muy picadita la cebolla y los ajos, hasta que estén dorados.

dresser (v.tr.)
aderezar (v.tr.) montar (v.tr.)
Montar los platos depositando el salteado sobre las crêpes fritas y decorar con las hojas de albahaca.

ébouillanter (v.tr.)
escaldar (v.tr.)
Se escalda el tomate para facilitar su pelado.

ébullition (n.f.)
ebullición (n.f.)
Cubrir con abundante agua fría y llevar a ebullición.
hervor (n.m.)
Se pasa por el fuego para que dé un breve hervor.

> **porter à ébullition**
> dar un hervor

écailler (v.tr.)
escamar (v.tr.), quitar las escamas
Se escama el pescado con ayuda de un aparato especial.

écosser (v.tr.)
desvainar (v.tr.)
Desvainar los guisantes.

écrémer (v.tr.)
descremar (v.tr.)

écumer (v.tr.)
espumar (v.tr.)
Cuando rompa a hervir, espumar repetida y cuidadosamente.

égoutter (v.tr.)
escurrir (v.tr.)
Cuando el bacalao ya está cocido, escurrirlo.

égrener (v.tr.)
desgranar (v.tr.)
Desgranar las habas.

émietter (v.tr.)
desmenuzar (v.tr.)
Desmenuzar el bacalao.
desmigar (v.tr.) el pan.

enduire (v.tr.)
untar (v.tr.)
Untar una plancha de horno con mantequilla.

enfourner (v.tr.) (ou: mettre au four)
enhornar (v.tr.), hornear (v.tr.) o poner (o meter) en el horno
Colocar el pavo en la pavera, añadir los ajos, la cebolla y el aceite, y hornearlo a 150°C durante una hora y media.

enrober (v.tr.)
rebozar (v.tr.)
Se reboza el pescado en harina y pasándolo por huevo.
bañar (v.tr.)
Se baña el pastel en chocolate.

enrouler (v.tr.)
enrollar (v.tr.)
Enrollar la pasta rellena en forma de brazo.
envolver (v.tr.)
Envolver la carne aplanada y el relleno formando un rollo.

entrelarder (v.tr.)
mechar (v.tr.)
Mechar consiste en introducir mechas de tocino en la carne.

épaissir (v.tr.) (rendre épais)
trabar (v.tr.)
Se traba una bechamel con la harina, parte de caldo, parte de leche.
espesar (v.intr.)
Esperar a que espese la salsa.

épépiner (v.tr.) (enlever les grains ou les pépins)
despepitar (v.tr.)
Despepitar un tomate o una naranja, es decir, quitar las semillas.

épicer (v.tr.)
condimentar (v.tr.), sazonar (v.tr.) con especias
Condimentar para hacer picante.

éplucher (v.tr.)
mondar (v.tr.) o pelar (v.tr.)
Se mondan las patatas.

étirer (v.tr.) ou étendre la pâte
estirar (v.tr.) o extender (v.tr.) la masa
Estirar la masa con el rodillo varias veces espolvoreando con harina.

étouffée (n.f.) (faire cuire à l')
estofar (v.tr.)
En la cazuela tapada y a fuego muy bajo, se dejan estofar las alcachofas, casi reducidas a su corazón, con el añadido de caldo.

évaporer (v.tr.)
evaporar (v.tr.)
Dejar evaporar el agua a medida para que se enternezca la carne.

farce (n.f.)
farsa (n.f.)
Se prepara la farsa con la carne picada, la miga de pan mojada en leche caliente, perejil, ajo picado, un huevo batido, el vino blanco y sal.

farcir (v.tr.)
rellenar (v.tr.)
Se rellenan las berenjenas con la farsa preparada a base del atún, el huevo picado, las aceitunas rellenas igualmente picadas y la salsa de tomate espesa.

fariner (v.tr.)
enharinar (v.tr.) o pasar (v.tr.) por harina
Enharinar los filetes de lenguado.

feu (n.m.)
fuego (n.m.)
Volver a situar la sartén en el fuego.

à feu très bas, tout petit, petit, doux, vif ou fort
a fuego muy bajo, lentísimo, lento, suave, vivo o fuerte

allumer, baisser, éteindre le feu
encender, rebajar, apagar el fuego

approcher du feu
arrimar al fuego

éloigner du feu
apartar del fuego

mettre sur le feu
poner sobre el fuego

remettre au feu
devolver al fuego

retirer du feu
retirar o sacar del fuego

filet (n.m.) (de poisson)
filete (n.m.) (de pescado)

lever les filets
filetear o extraer los filetes
Se filetea la lubina, quitando la espina central y separando los dos filetes.

filet (n.m.) (d'huile)
chorro (n.m.) (de aceite)

flamber (v.tr.) (faire)
flamear (v.tr.) o flambear (v.tr.)
Para flamear una preparación, regarla con un licor y prenderla fuego.

flamber (v.tr.) (passer à la flamme)
chamuscar (v.tr.) o pasar (v.tr.) por la llama
Hay que chamuscar el ave para quemar el plumón si lo hubiera.

fondre (v.tr.) (faire)
fundir (v.tr.) o derretir (v.tr.)
Se funde la mantequilla y en ella sofreír una cebollita muy picada.

frémir (v.intr.)
empezar a hervir (v.intr.)
Cuando la leche empiece a hervir, se apartará del fuego el cazo.

frire (v.tr.)
freír (v.tr.)
Se fríe el pescado rebozado sólo en harina.

frotter (v.tr.)
frotar (v.tr.)
Una rodaja de pan tostado frotado con ajo.

glacer (v.tr.)
glasear (v.tr.)

gratter (v.tr.)
raspar (v.tr.)
Raspar los calabacines y cortarlos en tres trozos.

gratiner (v.tr.)
gratinar (v.tr.)
Se coloca todo en una bandeja de hornear, se cubre de queso rallado y se deja gratinar.

■ **griller (v.tr.) (rôtir)**
asar (v.tr.)

griller sur la plaque
asar en la plancha (n.f.)
Sardinas, atún (thon) o emperador (espadon) a la plancha que es una lámina pura de hierro.

griller sur la braise
asar a la brasa (n.f.)

tostar (v.tr.)
Se mete la bandeja en un horno fuerte y se tuesta por encima.

griller légèrement
soasar (v.tr.) o asar ligeramente

hacher (v.tr.)
picar (v.tr.)
Se añade una cucharada de estragón picado finamente.

finement haché(-e)
muy picado(-a)

très finement haché(-e)
muy picadito(-a)

hachis (n.m.)
picadillo (n.m.)
Se hace un picadillo con las verduras y el jamón.

huiler (v.tr.)
aceitar (v.tr.)
Se coloca la masa en el interior de un molde aceitado.

incorporer (v.tr.)
incorporar (v.tr.)
Al guiso se le incorporan los otros ingredientes.

jeter (v.tr.)
echar (v.tr.)
Cuando empieza a hervir se echan las patatas.

laver (v.tr.)
lavar (v.tr.)
Se lavan espinacas cuidadosamente en repetidas aguas.

lier (v.tr.)
ligar (v.tr.)
Para ligar la salsa, se añade una pequeña cantidad de harina, una yema de huevo o nata batida.

lit (n.m.)
lecho (n.m.)
Sobre lecho de legumbres y verdura se pone el filete de pescado.

macérer (v.tr.)
macerar (v.tr.)
Una vez desalado el bacalao, hay que ponerlo a macerar en leche.

malaxer (v.tr.)
amasar (v.tr.)
Amasar hasta obtener una pasta homogénea.

mariner (v.tr.)
marinar (v.tr.)
Dejar marinar durante media hora.
adobar (v.tr.)
Se adoban carnes y pescados crudos con un aliño.

mélanger (v.tr.)
mezclar (v.tr.)
Mezclar bien la mantequilla con la harina.

mijoter (v.tr.) (faire)
rehogar (v.tr.) o cocer (v.tr.) lentamente

mitonner (v.tr.)
cocer (v.tr.) a fuego lento

monter (v.tr.)
montar (v.tr.)
Montar las claras de huevo batiéndolas hasta que espesen.

moudre (v.tr.)
moler (v.tr.)
Moler la pimienta negra.

mouiller (v.tr.)
mojar (v.tr.)
Mojar con un litro de agua y si es preciso más agua.

mouler (v.tr.)
moldear (v.tr.)
Moldear la pasta.

napper (v.tr.)
napar (v.tr.)
Napar los huevos con la salsa.

nettoyer (v.tr.) (ou habiller, v.tr.)
limpiar (v.tr.)
Se limpia y lava el pescado.

ouvrir (v.tr.)
abrir (v.tr.)
Se abren los mejillones al vapor y se extraen de las conchas.

paner (v.tr.)
rebozar (v.tr.)

passer (v.tr.) (filtrer)
colar (v.tr.)
Se cuela el aceite utilizado para que quede libre de impurezas.

passer (v.tr.) au presse-purée ou au chinois
pasar (v.tr.) por el pasapuré o el chino

peler (v.tr.)
pelar (v.tr.)
Poner en una cazuela los tomates pelados, sin semillas (es decir, despepitados) y cuarteados.

pétrir (v.tr.)
amasar (v.tr.)
Amasar la harina, la sal, el jerez y el aceite hasta conseguir una masa compacta.

piler (v.tr.) (broyer, écraser)
machacar (v.tr.) o majar (v.tr.)
En un mortero, se machaca (o: se maja) el pimiento seco, previamente colocado en agua caliente durante media hora para que se ablande.

piquer (v.tr.)
pinchar (v.tr.)
Se pinchan los chorizos (o las butifarras) con una aguja o un tenedor de puntas finas y se fríen hasta que suelten su grasa.

pocher (v.tr.)
escalfar (v.tr.)
Escalfar los huevos, poniendo en una marmita pequeña, agua, sal y vinagre.

préchauffer (v.tr.)
precalentar (v.tr.)
Se coloca la cazuela de barro en un horno precalentado a 180°C.

prendre (v.tr.) (faire)
cuajar (v. tr. o intr.)
Se utiliza una sartén de fondo antiadherente para cuajar las crêpes.

préparer (v.tr.)
preparar (v.tr.)
Para preparar los tomates, hay que calentarlos en agua hirviendo, pasarlos por agua fría, pelarlos, cortarlos en dos, quitarles las semillas y cortar la pulpa en pedacitos.

rafraîchir (v.tr.)
enfriar (v.tr.) o refrescar (v.tr.)
Enfriar agua con algunos cubitos de hielo.
asustar (v.tr.)
Hay que añadir agua fría para asustar un preparado que está hirviendo y cortar su hervor.

râper (v.tr.)
rallar (v.tr.)

> **fromage râpé**
> queso rallado
> *Se puede añadir o no queso rallado.*

réchauffer (v.tr.)
recalentar (v.tr.)
Este plato es más sabroso recalentado.

rectifier (v.tr.)
rectificar (v.tr.)
Se rectifica de sal si conviene.

recueillir (v.tr.)
recoger (v.tr.)
Se recoge el caldo aparte.

réduire (v.tr.) (ou: faire épaissir)
reducir (v.tr.)
Hacer reducir la salsa para que pierda agua por ebullición hasta conseguir el espesor deseado.

réduire (v.tr.) en pulpe
reducir (v.tr.) en pulpa

refroidir (v.tr.)
enfriar (v.tr.)
Dejar cocer en el horno el jamón entero a fuego suave unas cuatro horas, sacarlo y dejarlo enfriar.

remuer (v.tr.)
remover (v.tr.)
Se remueve la salsa con una cuchara de madera sin parar hasta conseguir una consistencia cremosa.
revolver (v.tr.)
Se incorpora la harina revolviendo constantemente con una cuchara de palo y siempre en el mismo sentido para que no se formen grumos.

rendre (v.tr.) (dégorger, restituer)
soltar (v.intr.)
Se abren los mejillones al vapor y se conserva el agua que sueltan.

reposer (v.tr.)
reposar (v.tr.)
Cuando el arroz está hecho se deja reposar cinco minutos.

réserver (v.tr.) (garder à part, conserver)
apartar (v.tr.) (dejar aparte)
Se apartan las alcachofas cuando ya están fritas.
reservar (v.tr.)
Reservar un poco de caldo.

retirer (v.tr.)
apartar (v.tr.)
Se aparta del fuego la sartén.

revenir (v.tr.) (faire)
rehogar (v.tr.) (les viandes, légumes ou pommes de terre) o sofreír (v.tr.) (l'ail ou l'oignon)
Se sofríe la cebolla picada y se le añaden las carnes para rehogarlas.

rincer (v.tr.)
enjuagar (v.tr.)
Enjuagar las verduras y escurrirlas.

rissoler (v.tr.) (faire)
dorar (v.tr.)
Poner el aceite en la sartén y, una vez caliente, dorar la cebolla para que tome color.

■ **rôtir (v.tr.) (griller)**
asar (v.tr.)
El precioso horno de asar de la Antigua Casa Sobrinos de Botin (Madrid) está trabajando ininterrumpidamente, dicen, desde 1725.

rôtir sur le gril
asar en la parrilla o a la parrilla

saisir (v.tr.)
sellar (v.tr.)
Hay que sellar una carne para dorarla a fuego vivo en una sárten y evitar que pierda jugos.

saupoudrer (v.tr.)
espolvorear (v.tr.)
Espolvorear con sal.

sauter (v.tr.) (faire)
saltear (v.tr.)
Se saltean las codornices preparadas en una cazuela con mitad de aceite y mitad de mantequilla.

sécher (v.tr.)
secar (v.tr.)
Se seca con un paño limpio.

servir (v.tr.)
servir (v.tr.)
Suele servirse acompañado de salsa de tomate o en compañía de arroz blanco.

soleil (v.tr.) (donner un coup de)
tueste (n.m.) (dar un)
Se asa el pescado en una plancha muy caliente, para darle un tueste de superfi-

cie tanto por la piel como la parte carnosa.

sortir (v.tr.) (du four)
sacar (v.tr.) (del horno)

suer (v.tr.) (faire)
sudar (v.tr.) (hacer)
Hacer sudar todo el conjunto a fuego lento.

surcongeler (v.tr.) surcongélation (n.f.)
ultracongelar (v.tr.), ultracongelación (n.f.)

tamiser (v.tr.)
cerner (v.tr.) o tamizar (v.tr.)
Preparar la pasta con la harina tamizada.

trancher (v.tr.) (couper en tranches) ou émincer (v.tr.)
trinchar (v.tr.)
Trinchar las cebollas.
cortar (v.tr.) a lonchas

travailler (v.tr.)
trabajar (v.tr.)
Trabajar la pasta con un tenedor o batidor hasta conseguir una pasta fina.

tremper (v.tr.) (ou: faire ou mettre à ...)
remojar (v.tr.) (o: poner a remojo)
Añadir los garbanzos, previamente remojados en agua templada.

triturer (v.tr.) (ou: broyer)
triturar (v.tr.)
Triturar las cebollas y los ajos en unas cucharadas de agua.

vapeur (n.f.)
vapor (n.m.)
Cocer al vapor.

vérifier (v.tr.)
comprobar (v.tr.)
Comprobar el punto de sal.

verser (v.tr.)
verter (v.tr.)
Se vierte un poco de agua natural.

INDEX FRANÇAIS

B

E

G

T

INDEX ESPAGNOL

A

B

C

E

F

K

L

LL

M

Q

R

T

U

Achevé d'imprimer en novembre 2003
sur les presses de la Nouvelle Imprimerie Laballery
58500 Clamecy
Dépôt légal : novembre 2003
Numéro d'impression : 310081
5074506/02

Imprimé en France